差別感情の哲学

序　章　何が問題なのか

居心地の悪さ

差別問題は、問題のありかを求めて突き進めば進むほど居心地の悪いものである。そこには、「仕方ない」という呟《つぶや》きがいつも耳元で唸《うな》りを上げている。解決に一歩近づいたと思えば、いつでも欺瞞《ぎまん》のさらなる拡大でしかない。

もう一つの居心地の悪さをここであえて開示しておこう。それは、差別論関係の専門家の論文や著作が共通に有する色合いであるが、差別撤廃を疑いのない「公理」と前提し、現実がその公理からいかに偏向しているか、われわれ人間の心の貧しさ・残酷さ・冷たさ・軽薄さ・狡《ずる》さを徹底的に告発するものである。こういう色合いの文章に出会うと、その颯爽《さっそう》とした正義観に戸惑いを覚え、じつのところはなはだ居心地が悪くなる。

差別のない社会を実現することに異存はない。しかし、それに勤《いそ》しむあまりに、人間の心のうちに潜《ひそ》む「悪」を一律になぎ倒そうとしてはいないか？　本書で順に考察するが、他人に対する不快、嫌悪、軽蔑などの感情を人間の心から徹底的に追放することが、果たして目指されるべきことなのか？　こうした根本的疑問がぐつぐつ湧《わ》いてくるのである。

あらゆる悪意が完全に消滅した社会を想像してみよう。その社会においては、すべ

ての人が他人を思いやり、その人格を尊敬し、他人に心からの愛を注ぎ、……いじめはまったく起こらず、他人に対する言葉の暴力はまったくなく、他人に対して不当に不快を（表明することがないのはもちろん）感ずることさえもなく、他人を不当に軽蔑することも嫌うこともない。こうした社会の到来は非現実的であるから文字通りの杞憂《きゆう》であるが、それはじつに恐ろしい社会、味気ない社会、居心地の悪い社会ではないだろうか？

私の疑問は、「心」に限定される。制度上の差別は撤廃してしかるべきであろう。差別的発言も（少なくとも）制限されるべきである。しかし、差別撲滅運動が人間の心に潜む悪意まで徹底的に刈り込むことを目標にするのだとしたら、誰もが差別感情を抱かなくなることを到達点とみなすのだとすれば、直感的にそれは違うのではないかと思う。

われわれがある人に対して（ゆえなく）不快を覚え、ある人を（ゆえなく）嫌悪し、軽蔑し、ある人に（ゆえなく）恐怖を覚え、自分を誇り、自分の帰属する人間集団を誇り、優越感に浸る……という差別的感情は、――誤解されることを承知で言い切れば――人間存在の豊かさの宝庫なのである。こういう悪がすっかり心のうちから消え去った人間集団を考えてみよう。そこにおいては、哲学も文学も演劇も、すなわ

ちあらゆる「文化」は消滅するであろう。

とはいえ、私はそれほど単純でも愚かでもない。全体にとって豊かになるからといって、現に被害者は生息しており、死の瀬戸際まで追い詰められている。そんな状況から眼を逸《そ》らせて、のほほんと「人間の悪意は豊かさのために必要だ」と提唱するほどオメデタクはない。ここには、容易に綴じ合わせることのできない深い亀裂が走っている。われわれは悪の魅力・豊かさ・必要性とその暴力性・殺戮《さつりく》性の両面に正確に視線を注がねばならないのだ。悪は、人間を場合によって生きいきとさせ、場合によって滅ぼすのである。

悪意はひとを鍛え、かつひとを滅ぼす

差別は、われわれ人間の中の悪意に基づく。だが、だからといってわれわれの心に住まう悪意をことごとく消去すべきなのだろうか？　これまであらゆる宗教家はそう教えてきたし、哲学者の中にもそう説いてきた者が少なくない。

それぞれの社会に、疫病にかかった者、障害者、ユダヤ人、穢多・非人など被差別者はいた。こうした人々を差別する動機はいわゆる悪意ではなく、オソレでありケガレである。それについては、後に考察しよう。ここでは、いわゆる悪意に基づく（そ

の要素が濃厚な）差別をどうとらえるかである。

われわれは他人を騙《だま》し、貶《おとし》め、他人に危害を加え、破滅させる。純粋に（さまざまな意味で）気に入らない他人に禍《わざわい》をもたらそうと企《たくら》む場合もある。正義を全うするため、国家や家族を守るため、などの美名のもとにそうする場合もある。復讐《ふくしゅう》の場合もあり、自分の身や地位を守る場合もある。

外形的に他人に危害を加える行為のうち、動機によって正しい行為と誤った行為とを区別することは有効ではないであろう。理念的には分けられるであろうが、現実的には外形的に他人に危害を加える行為の内的動機を抉《えぐ》り出すことは虚《むな》しいであろう。当人にも不明な要因が残るであろう。ありとあらゆる動機によって、われわれは他人に危害を加える存在者なのだ。他人を苦しめようとし、その苦しみを喜び、他人を破滅させようとし、その破滅を祝う存在者なのである。

フロイトは『文化における不安』において、こうした「攻撃衝動」をエロスと並ぶ人間存在の自然本性とみなした。子供は攻撃することが禁じられている権威（例えば父親）を「同一化」を経て自己の中に取り入れることによって、困難な状況から脱する。そして、ここに「罪責感」が生まれるのである。よって、人間は攻撃衝動を抑える代わりに、生涯を通じて罪責感と闘い続ける。「文化」は、自他を攻撃し破壊し、

他人を排除し抹殺し、他人に嘘をつき騙したぶらかし利用するところに、ある集団を尊敬し別の集団を軽蔑するところに成立するのである。

この線上に動物行動学者のK・ローレンツや、精神病理学者のA・ストーが位置する。ローレンツは、人間のみが文化を有するが、それを人間のみが「種内攻撃」をするところに求める。地上の動物が「高級」になればなるほど、集団や個体の差異に敏感になり、ある集団や個体を好み、別の集団や個体を嫌うのである。ある集団や個体は味方であり、ある集団や個体は敵なのだ。こうした濃淡のある差異の体系が形成されるところに文化は芽生え生育するのである。言い換えれば、いかなる敵も存在しないところには、いかなる味方も存在しないのだから、一致団結して敵に立ち向かい味方を守るという勇敢な行為、集団のために自分を犠牲にするという感動的な行為も消え去る。友情も恋愛も家族愛も……それを妬《ねた》み破壊しようとする敵がいてこそ大切な絆《きずな》なのである。ローレンツは、次のように言う。

人間の行動様式のどれほど多くのそしてどれほど重要なものが、攻撃性《アグレッシヨン》をその動機としているか想像もつかない。おそらく大部分がそうだろうと思う。（中略）これがなければ下は毎日ひげをそることから、上は最も高尚な芸術的もしくは科学的

創造にいたるまで、ひとりの男が朝から晩までに行なう大部分の行為が姿を消すだろう。そして野心とか高い順位をえようとする努力とかかわりのあるいっさいのことや、それと同じ無数の不可欠のことが、たぶん、攻撃衝動を断ち切ると同時に人間の生活から消滅してしまうことになろう。(『攻撃――悪の自然誌2』日高敏隆・久保和彦訳、みすず書房)

ストーも、ほぼ同じ主張をしている。

攻撃的で積極的な性格側面をもたなければ、人間は人生のコースを方向づけたりあるいは自分のまわりの世界に影響を与えることすらできないであろう。事実、もし人類が攻撃性の大きな天性をもたなかったならば、今日の支配的な位置に達することはけっしてなかったろうし、一つの種属として生きのこることさえできなかったであろう。(『人間の攻撃心』高橋哲郎訳、晶文社)

こうした攻撃心を、動物行動学や精神病理学の成果から無批判的に受容し肯定するのは危険であろう。しかし、これを無批判的に排除し否定するのもやはり危険なの

だ。差別感情というテーマにおいて、われわれのうちに否定しようもなく認められるこうした広い意味での攻撃＝悪意を一掃することを目標にしてはならない、とは言えるであろう。

あらゆる悪意とその発露が根絶された理想社会を掲げて現状を嘆くのではなく、自他の心に住まう悪意と闘い続けること、その暴走を許さずそれをしっかり制御すること、こうした努力のうちにこそ生きる価値を見つけるべきなのだ。人間の悪意を一律に抹殺することを目標にしてはならない。誤解を恐れずに言えば、悪意のうちにこそ人生の豊かさがある。それをいかに対処するかがその人の価値を決めるのである。

差別と区別

自分のうちに潜む攻撃心を圧殺してはならないということは、それを容認することではなく、ましてそれをそのまま肯定することではない。われわれは、むしろ差別感情に伴う攻撃心や悪意を保持したまま、自己を正当化することが多い。ここに、剝《む》き出しの攻撃心や悪意よりはるかに悪質な、巧妙に隠された攻撃心が育っていく。ここには、差別をしていないと言いながら紛れもない差別をしているという狡さが悪臭を放っている。

人間はさまざまな場面で狭いが、差別問題はこれが露出する場面である。そのうち最たるものは、「区別があるのであって差別はない」という主張であろう。これは、必ず差別をしている者の側から発せられる。

性差別に関して中河伸俊は、(もって回った言い方だが)次のように語っている。

そして、少なくとも「先進産業社会」では、現実の不平等や支配の制度的な根強さとは対照的に、理念のレベルではその要求をめぐる勝負はついているといっていいだろう。これは、いいかえれば、近代の物差しをあてて女性/男性関係を測るかぎり、多くの男性は、経済財や地位、権力へのアクセスに有利な制度的アレンジメントにもたれかかっているという意味で、好むと好まざるとにかかわらず自分が「足を踏んでいる」側にいると認めざるをえないということである。(渡辺恒夫編『男性学の挑戦』新曜社)

ある区別Dにおいて、現に得をしている側の者は、Dがただの区別であることを――たとえそう確信しても――認めてはならない、という提案である。既存の区別によって結果として利益を得ている者は、負い目をもたねばならない、無理にでもうし

ろめたい思いをしなければならない、という提案である。たまたま障害者に生まれなかったことを「感謝する」のではなく、障害者に対して負い目を抱く態度が必要だということ、たまたま美人に生まれたことに、たまたま秀才に生まれたことに感謝するのではなく、それを正真正銘の負い目として捉《とら》えねばならないということである。

あらゆる提案と同じく、その根拠は確固としたものではない。最終的には原理原則、例えば「人間は平等だから」という抽象的原理に基づくのではない。そうではなくて、何度考えても全身で「そう感じられる」というところに行き着く。そして、私はこうした感じの強い人間である。

さまざまな分野で成功している人がいる。その「原因」を尋ねれば、知的・肉体的に恵まれた資質、恵まれた環境、あるいはさまざまな偶然的出会いであることを否定することはできない。たとえ、その相当部分が当人の慧眼《けいがん》や努力に帰するとしても、そうした能力そのものに遺伝形質が参与しているかもしれないのであるから。

その場合、——ここを強調したい——当人が謙虚であるだけでは、このことが提起する問題（人生の理不尽そのものである問題）の解決にはならない。優れた資質をもつ者、あるいは賞賛すべき業績を上げた人が謙虚であることほど簡単なことはない。彼（女）はすでに多くの人々によって賛美されているのであるから、そのうえ傲慢《ごうまん》に

なる必要がないのである。こうした人々が謙虚であることは、（いわゆる）劣った形質をもつ者、仕事の上で失敗した者、人生において幸運から見放された者が、卑屈にならず、自殺せず、犯罪に走らずに生き抜くことに比べて無限に容易である。だから、優れた資質をもつ者や仕事上の成功者は、——謙虚になるのはもちろんのこと——そういう「星のもと」に生まれてこなかった膨大《ぼうだい》な数の人々に対して、とりわけ劣悪な資質のもとに生まれた人々や不運にあえぐ人々に対して負い目をもたねばならない。

もちろん、それが最終的解決にはならない。最終的解決はないかもしれない。だからこそ、その感情から眼を逸らすのではなく、そこに視点を固定して無理にでも自分のうちにうごめくさまざまな感情を捉えなおしてみること、こうした態度からこそ差別問題解決の糸口が見えてくるように思われる。

「自然である」という判断に潜む差別感情

こうした態度は、「自然である」という言葉を因習的・非反省的に使用する態度からの決別と言いなおしてもよい。フッサールの言葉を使えば、各人が自然的態度から「現象学的還元」を遂行して、そこに開かれる新たな世界を見渡すことがここに要求

されている。なぜなら、差別問題において「これは、差別ではなく区別だ」と言い張る人は、「自然である」という言葉を因習的・非反省的に使いたくてうずうずしているからである。それは男として自然だ、女として不自然だ、中学生として自然だ、日本人として不自然だ……というように。彼はこうした反省を加えない「自然である」という言葉に行き着くことによって、すべての議論を終らせようとする怠惰な「自然主義者」なのである。

彼は、そこに潜む問題をあらためて見なおすことを拒否し、思考を停止させる人である。「結婚するのはあたりまえ、女が子供を産むのは自然」という結論をいつも手にしており、その鈍い刀ですべてをなぎ倒すのだ。

ある人が、差別におけるコンテクストにおいて「あたりまえ」「当然」「自然」という言葉を使用したら用心しなければならない。差別感情の考察において、「子供が学校に行くのはあたりまえ、大人の男が働くのは当然」と真顔で語る人こそ、差別問題を真剣に考えている人にとって最も手ごわい敵である。なぜなら、彼らはまったく自らの脳髄で思考しないで、ただ世間を支配する空気に合わせてマイノリティー（少数派）を裁いているのだから。しかも、そのことに気づかず、気づこうとしないのだから。

十年以上も前のことだが、大変悲しい事件が私のすぐ傍で起こった。就職のことでも結婚のことでも悩んでいた青年が葉山の海岸で入水《じゅすい》自殺したのである。その通夜の席で、息子の棺《ひつぎ》を前にして父親は「結婚するのも、就職するのもあたりまえのことじゃないか！」と叫んでいた。私は「まさにそういう考えが彼を追い詰めたのだ」と涙を流しながら確信した。だが、私は何も言わなかった。そう語る父親の無念さがよくわかったからである。彼はもう十分すぎるほど苦しんでいたからである。息子によって復讐されていたからである。

差別に対するとき、最大の敵は「よく考えないこと」である。あらゆる差別はよく考えないこと、すなわち思考の怠惰から発生する。よく考えると、すさまじく複雑に入り組んでいる問題が鮮明に見えてくるのに、よく考えない者にはそれが見えてこない。見えてこないから、そこに問題はないと思い込むのだ。こういう怠惰な輩《やから》が差別における最大の加害者である。しかも、自分が加害者であるとはつゆ思っていない鈍感きわまりない加害者である。

逆差別という暴力

差別問題は、いつも「逆差別」という名の新たな差別を携えてくる。一つの例を挙

げてみる。「携帯注意して痴漢呼ばわり」と題する朝日新聞（二〇〇八年十一月八日付朝刊）の投書欄である。六十二歳男性のもの。

> （「二十歳前の娘さん」が電車内で声高に携帯電話で話しているので）私と同年輩の男性が、トントンと彼女の左肩を指でたたき、「切れよ」。振り向いた彼女は「痴漢」と叫んだ。男性が「痴漢じゃないよ。携帯を注意しただけだ」というと、娘さんは「肩さわった」と言い返す。（後略）

彼女がもっと攻撃的であれば本気で彼を痴漢に仕立て上げたことであろう。彼は警察に通報され、長く取り調べを受け、起訴され、有罪になるかもしれない。だから男たちは恐ろしくて何もできないのである。女性に対する痴漢行為に対する反省から、疑わしきはすべて罰するという野蛮行為がまかり通っている。明らかに女性による男性への逆差別である。

ある差別に気づき、旧来の意識を大幅に改革しようとするとき、われわれは容易にこの種の野蛮に陥る。それは、意識改革という目標を目指すには必要なことなのかもしれないが、行き過ぎると膨大な冤罪《えんざい》を産出し、魔女裁判になりかねない。この投書

に登場しているように、本物の痴漢以上に悪質で低劣な加害者を量産することになるのである。

私はかつて朝日新聞のコラム用に次のような文章を書いた。

U教授が、女子高校生のスカートの中を覗《のぞ》こうとして、現行犯で捕まった。彼の場合、有名人であり、しかもいかにも清潔そうな紳士であったから、「見せしめ」としての効果は十分であったであろう。いまや、痴漢冤罪が多発する（らしい）満員電車の中は、ますます男たちを震え上がらせている。一人の男の「些細《ささい》な」行為に、数十年にわたる膨大な数の女たちの苦しみがのしかかる。いままで唇を噛んで我慢してきたが、もう泣き寝入りはしない、泣き寝入りはさせない、と。

こういうとき、取り調べははじめから容疑者を「魔女」と決めて掛かる現代の魔女裁判になりかねないのである。それはそれとして、わからないこともない。すべからく「革命」はやりすぎなければならないのだから。

だが、どうしても変だと思うのは、こうした性的な事件が起こるとスカートの中を覗くことが、あたかも恐るべき「異常な」行為であるかのように言い立てることである。

でも、そうかなあ?

風呂場を覗きこむ行為も、よって女性の胸や尻に触る行為も、生物体としてのヒト(オス)にとって、とくに不自然な行為とは思えない。ただ、こうした「自然な」行為が現代社会では(なぜか)厳しく非難されるのである。単なる「制度」が自然とみなされる瞬間に、その制度からの逸脱者は(単に不正をはたらいた者ではなく)異常者とみなされてしまう。これは人類の歴史始まって以来、綿々と続く暴力である。

だから、すべてが変だとわかっていても、異常者扱いされるのが厭《いや》なら、みんなと口裏を合わせて、性犯罪者を「ヘンタイ!」と呼んで社会から葬り去りましょう。そうしないと、あなたに危険が及びます。ちょうど魔女裁判で「魔女」と叫んで唾《つば》を吐き掛けない者は、気がつくと魔女にされてしまったように。

ところが、担当の編集者も承知し、ぎりぎり「大丈夫」という保証を得ながら、記事の出る予定の前日深夜に突如ボツになったのである。担当編集者によると「犯罪を正当化する記事を載せるわけにはいかない」とのこと。私は非常に憤ったが、常に権力に対して批判的な視点を保つと公言しているメディアが痴漢撲滅という現代社会の

価値観を形成している「権力」に無批判である点、いやそれに疑問をもつ意見をことごとく押しつぶす「権力」を行使している点に、欺瞞と矛盾を感じたからである。すべての熱狂状態は危険である。痴漢撲滅運動はこれまでの女性たちの苦しみをすべて担った一種の復讐であるから、公平な判断ができなくなっているのだ。アメリカのテロとの戦いも、強烈に復讐という色彩が強いから、テロ顔負けの暴力を正当化しているように。

こういう現代社会の状況において、逆差別を利用して、つまり差別を逆利用して、権力を握る一群の人々が確かにうごめいている。ウーマンリブでも、黒人解放運動でも、部落解放運動でも、環境保護団体でも……非権力者が権力に立ち向かい自らの理念を実現するためには、それ自身権力をもたねばならない、という一種の自己矛盾に陥る。社会を変革しようとするとき、この傾向を一概に否定はできないであろう。しかし、目的の美名の下に手段の正当化をなすとき、差別に「対する」戦いが、新たな差別を生み出していることにけっして鈍感になってはならない。

課せられているが答えることのできない問題

『純粋理性批判』の冒頭で、カントは次のように言っている。

人間の理性は、ある種の認識について特殊の運命を担っている、すなわち理性が斥《しりぞ》けることもできず、といってまた答えることもできないような問題に悩まされているという運命である。斥けることができないとは、これらの問題が理性の本性によって理性に課せられているからである、また答えられないというのは、こうした問題が人間理性のあらゆる能力を超えているからである。(拙訳)

カントが具体的に考えていたのは、「神はいるのか?」「われわれは自由であるのか?」「魂は不死であるのか?」という三つの問いである。理性的存在者としての人間は誰でも、たとえ答えられなくてもこの三つの問いに絡めとられている。それから逃れられない。これらの問いにごまかすことなく立ち向かうその態度にこそ、人間の尊厳があると言う。

ここに、あえて第四の問いを付け加えることにしよう。それは、「自分に何の責めもないのに、なぜある人は(顕在的・潜在的)被差別者として生まれ、そして死なねばならないのか?」という問いである。これに関連して、「なぜ彼は(顕在的・潜在的)被差別者であり、自分はそうでないのか?」という問いである。この問いは、じ

つは第四の問いなのではない。根本的な三つの問いそのものなのだ。「神がいないとすれば」そして「すべては決定されていたとすれば」そして「（顕在的・潜在的）被差別者として生き、そして死んで無に帰するのだとすれば」これはあまりにも酷《むご》いことである。

では、この問いを掲げて、われわれは一体何をどうするべきなのか？

差別撤廃に向けて邁進《まいしん》するのではなく、「差別はなくならない」と呟いて諦《あきら》めるのではない。自他のうちにうごめく差別感情を徹底的に批判するのである。

差別感情を扱うさいに最も大切な要件は「自己批判精神」であるように思う。いかなる優れた理論も実践も、もしそれが自己批判精神の欠如したものであれば、無条件に自分を正しいとするものであれば、さしあたり顔を背けていいであろう。

とくに、現代に生きるわれわれは差別のない理想的状態の実現を急ぐあまりに、強引に敵を押さえつけるという非反省的な態度をとってしまいがちである。障害者や女性など公認された被差別者を保護するという名目で、時代の濃密な流れにどっぷり浸かった逆差別を断行しがちである。これに呼応して、誰もが差別者として血祭りに上げられるのを恐れて、自分の誠実さに反した言動に終始しがちである。きれいごとを語りがちである。

カントの言葉を使えば、「主観的なことを客観的と思い込む仮象」に、すなわち神や不死が欲しいあまりに、それらが存在するという暴力的な推論に陥ってしまいがちなのである。あらゆる差別論にこれは該当するように思われる。自分の限られた視点・限られた材料・限られた価値観から「客観的結論」を導くという「仮象」に陥る危険があるということである。

それを避けるために必要な要件は、パスカルの言う「繊細な精神（esprit de finesse)」ではないだろうか？ いかなる議論も人間の複雑なあり方を丹念に辿《たど》っていく態度に基づかねばならない。大鉈《おおなた》をふるって切り捨てる議論、一方的に決めつける議論は、いかにそれが説得力のあるように見えても、希望をもたせるように見えても、論理的に「正しく」見えようとも、取るに足らない。

哲学は救いを与えることはできない。社会を直接変えることもできない。だが、差別について差別感情について、自己批判精神と繊細な精神をもって、考え続け、語り続けることはできる。このことによって、場合によって、人々の因習的・非反省的態度を変えさせることはできよう。因習的・非反省的態度の虜《とりこ》になっている人々を解放することはできよう。

第一章　他人に対する否定的感情

他人に対する否定的感情はいくらでも区分できるが、ここでは差別感情に直結するものとして「不快」と「嫌悪」と「軽蔑」を取り上げる。それぞれの境界は曖昧《あいまい》であるが、一応区別が可能な感情であり、この順で、次第に単純な感情から複雑な感情へ、生理的感情から観念的・社会的感情へと上昇していく。あらゆる差別は不快に遡源するが、それが嫌悪、軽蔑と観念化・社会化するにつれ堅固なものとなる。単純な生理的不快から離れていくにつれ、言語（観念）の力は増し、そのことによって高度に残酷なもの・理不尽なものになり、場合によっては狂気に近づいていくのである。「恐れ」は、嫌悪や軽蔑とは別に差別感情の根源を形成しているが、むしろそれが近現代になり希薄化していくにつれ、単純な不快や嫌悪や軽蔑と結びついてますます差別感情を助長するものとなった。

竹田青嗣は自ら在日韓国人と名乗って差別問題にも発言しているが、次の言葉は差別の核心を突いている。

要するに、被差別の抑圧感は、差別する人々がタテマエ上ルールを受け入れつつ、しかもこれを無視することに対する不当感を源泉としているのです。かりに在日が一定の大企業では就職できないという法律が存在しているならば、それは政治

的問題です。しかし、そんな法律がないにもかかわらず在日の大企業への就職が至難であること、そういう事態をぼくらは「差別」と呼んでいるわけです。（柴谷篤弘・池田清彦訳『差別ということば』明石書店。強調は原著者のもの、以下同様）

差別問題における最も悪質な点を竹田は指摘している。それは、「差別はない」というタテマエのもとにおける差別である。制度上の差別が撤廃されたのち、われわれの前に立ちはだかるのは、こうした制度外差別であり、それを広く「心における差別」あるいは「差別感情に基づく差別」と呼んでおこう。ここには、考えようによって、制度上の差別以上の悪が横行している。それは、欺瞞という悪、狡さという悪である。「いじめはない」と居直りながら、いじめを黙認している悪であり、結果としていじめに加担している悪である。

現代日本では、制度上の差別はにわかに減少しつつある。その場合、「心における差別」が差別における最大の問題として浮上してくる。竹田が「そういう事態をぼくらは『差別』と呼んでいるわけです」と語るのは、その意味である。「心における差別」を全廃することができるか？　そもそも全廃すべきなのか？　それにどう向き合うべきか、本書のテーマを凝縮すればこういう問いになる。それは、大上段に構えて

切り倒す仕方ではなく、目線を低くして個々の場合をきめ細かく考察していくほかないであろう。

1　不　快

他人に対して不快を感ずる理由

誰でも不快の感情をもっている。快の感情をもっているのだから当然である。だが、その不快が人間に向かうと、そこにはなはだ厄介な問題がもち上がる。他人にいっさいの不快な感情を抱いてはならないとまでは言えない。だが、――現代日本に漂う空気に限定すれば――いかなる理由からにせよ、ある特定の人（X）に不快を覚えることは、奨励されないこと、できれば抑えつけるべきことだという了解はある。

そして、その理由たるや、地上に繁茂する生物のように多様である。

しかも、瞬時でも考えればわかるように、その理由は合理的ではない。われわれは、Xが太っているから、Xが貧乏たらしいから、Xが才能に恵まれているから、Xが傲慢だから、Xが卑劣だから、Xが人間として見解が狭いから、Xが自己愛にまみれているから……Xに不快を覚えるのである。そして、このすべてに関して不快を覚

えてはならないと命ずることは現実的ではない。では、このすべては無制限に許されるのか？

立ち止まって、じっくり考えることが必要である。

差別を考える前哨戦《ぜんしょうせん》として大切なことであるが、各個人がある特定の人に対して不快を感ずる現象に関して、それは「主観的なこと」だからと済ませるわけにはいかない。ここには、「社会的価値」とでも言うべきものが大きな比重を占めている。特定の社会において、プラスの価値とマイナスの価値は――その揺らぎも認めたうえで――ほぼ客観的に決まっている。このことをラカンは「欲望とは他人の欲望である」という言葉によって表した。われわれは、他人が欲しがるものを欲しがるのである。

現代日本に限定しても、学力、学歴、肉体的魅力、政治的権力、芸術的才能、育ちのよさ、社会的地位、金銭的豊かさなど、プラスの価値はほぼ客観的に決まっていて、多くの人は「一定の決まった価値あるもの」を欲しがるのだ。もちろん、みんなが完全に同一のものを欲しがるわけではない。「他人の欲望」にもヴァリエーションはありえる。大まかに視覚化すれば、一つの太い幹の上に、さまざまな方向に複雑に分岐した大枝が伸び、その一つの枝にもまた、さまざまに異なる「主観的価値」の小枝が伸びているのである。

われわれは、一定の決まった価値あるものを欲しがるという点をごまかしてはならない。この点をしっかり見ようとする眼こそ、差別をしっかり見ようとする眼である。世の中の価値がすべて相対的かつ主観的であるとしたら、生きるのはどんなに楽なことであろう。そして、どんなに味気なくつまらないことであろう。

快・不快を統制する社会の恐ろしさ

誰でも（普通）——いかに合理的理由からであろうと——他人から不快に感じられたくないし、そう感じられると傷つく。しかし、われわれは事実としてある人に——合理的理由からあるいは非合理的理由から——不快を感じてしまうのであり、それはどうすることもできない。

いや、人為的にどうにかしてはならないのだ。快・不快を統制するような社会を考えてほしい。不快を抱くことが禁じられ、ある人に対して不快を抱いたという容疑が固められたら、罰せられる社会を考えてもらいたい。それが、どんなに息詰まり、われわれの感受性を枯渇させる社会であるか、直ちにわかると思う。

差別論の難しさは、次の（矛盾ではないが）対立する二命題によって示すことができる。

（1）差別論は個人の快・不快には立ち入らない。
（2）だが、現実には、差別意識は個人の快・不快の延長上に存在する。

あるいは、次のように言い換えてもいい。

（1）個人の快・不快を統制してはならない。
（2）だが、不快の無制限の発露を許してはならず、何らかの統制をするべきである。

こうした対立のもとにおいて、われわれはいかに行為すべきであろうか？　一つの解決らしきものがある。それは、「すべての人は（たとえ他人に対して不快を感じているとしても）あたかも不快を感じていないかのように振舞うべきである」という規則である。これは、少なくとも現代日本の人間関係においては、常識と言っていいものであろう。だが、ほとんどの人がここで足を止めてしまうからこそ、哲学は「これでいいのか？」とさらに分け入って考え続けなければならない。

これでいいことはない。なぜなら、多くの人は、他人から自分が「不快である」と明言されたくなく、それを明瞭に示す振舞いもされたくなく、さらに——これがポイントである——他人に不快に感じられたくさえないのであるから。

ある組織において、すべての同僚がじつは自分に対して不快であったが、あたかもそうでないように振舞っていたことをあとで知って、彼らに感謝する人はいないであろう。むしろ肩を落とし悲嘆にくれ、自分の馬鹿さ加減を呪い、彼らを激しく憎むであろう。

「不快であっても不快でないように振舞え」という（いたるところで教えられている）通俗道徳に留まってはならない。問題ははるかに深く根を張っている。

差別感情のスペクトル

一般に、特定の個人に対していかなる場合も不快な感情をもってはならない、とは言えないであろう。それは、ここで求められている最終解答ではない。むしろ、問題は、われわれは他人への不快の感情をいかなる場合に無際限に肯定してはならないのか、というところにある。

本書のテーマは差別感情である。ここで、あらためてその射程を測定してみよう。

一つの考えがある。すなわち、差別に基づいた感情、ある社会的劣位グループの構成員をその構成員であるがゆえに一律に不快に思うという感情のみを差別感情とする見解である。さまざまな（いわゆる）差別感情をことごとく禁止ないし非難するのには無理があり、かえって人間存在の豊かさを保つうえで有害であろう。そこで、さまざまな差別感情のうち、こうした硬い差別意識に基づく差別感情のみを、とりわけ社会的弊害が大きいゆえに（真性の）「差別感情」と定義し、各人はそこに湧き上がる不快の感情を抑えるべきだという見解である。

例えば、私がある特定の個人を「ユダヤ人であるがゆえに」不快に思えば差別感情であるが、そのさまざまな要因の中にたまたま彼がユダヤ人であることが含まれているとしても、それはここで扱うべき差別感情ではないことになる。しかし、不快の動因にそれほど明確な線が引かれようか？　現実には彼が「ユダヤ人であるがゆえに差別する」という感情と彼が「ユダヤ人であることを一要因として差別する」という感情との境界設定はきわめて難しい。

じつは、現代日本に限れば、障害者や被差別部落出身者や浮浪者など「公認された被差別者」に対しては（少なくとも表出のレベルでは）不快を抑えるべきである、ということは暗黙の前提となっている。だからこそ、「きみは彼が被差別部落出身者だ

から不快なのか?」と追及されれば、みな「いや、ぼくは彼が被差別部落出身であるから不快なのではなく、そのことを一要因として彼が不快なのだ」と言い訳する。この場合、それは言い逃れだ、いやそうではない、という論争は虚しいであろう。誰も自分の不快の動因を血圧のように正確に知っているわけではないからである。

実際このことをみな知っているゆえに、日々不快を好きなように放出している人でも「公認された被差別者」に対してだけは、不快を表出しないように賢く振舞っている。なぜなら、そう振舞わないと身の危険を招くからであり、社会的に葬り去られるからである。

差別に関して社会統制が厳しくなればなるほど、こうしたいわば内的制裁としての感情統制もまた厳しくなる。現代日本においては、誰もアイヌや在日韓国朝鮮人に不快を感じてはならない、現代アメリカにおいては、誰も黒人やゲイを不快に思ってはならない。

もちろん、彼らにまったく不快を感じない人も少なくないであろう。だが、現に不快を感ずる人もいる。その場合、不快を感ずる人は、真実を語って社会から排斥されるか、たえず嘘を語って身の保全を図るかの岐路に立たされている。彼らの多くは後者を選択するであろう。本来ある個人Sが生理的に不快であっても、たまたまSが在

日韓国人であることを知った瞬間にそう語れなくなり、そう語らず、あたかもSがまったく不快でないかのように振舞うであろう。ここには、欺瞞的態度がもたらす臭気が漂う。この臭気は消すことができるのであろうか？

被差別者と不快な感情との相互関係

さらに事態を掘り下げて考察してみよう。被差別者と不快との関係は相互作用的である。差別感情とはある集団に対してレッテルを貼りつけ、その集団に属する個人をまずもってそのレッテルで判定してしまうことであるが、個人がレッテルを貼るのではない。「レッテルを貼られるべき人」は社会的にあらかじめ承認されており、彼らに個人があらためてレッテルを貼ることによって、彼らに対する差別を顕在化ないし意識化するのだ。

しかも、ある者を被差別者として理解することは、その者を「不快な者」として理解することである。われわれは、まず被差別者という概念をニュートラルな感情とともに理解し、次にそれに不快という感情を付与するのではなく、被差別者は不快な感情を呼び起こす者にほかならない。一般に、あなたがある人をあるレッテルのもとに差別しているが、彼に対してまったく不快感を覚えない、ということはない。そうな

ら、あなたは彼を差別してはいないのだ。すなわち、差別感情としての不快とは「ある人は不快であるべきだから不快である」というロジックのもとに形成される。あなたは、眼前の男がユダヤ人だから不快なのであり、身体障害者だから不快なのである。

ここに、差別感情の最も基本的な礎石がある。快・不快はわれわれが言語を学ぶと共に身につけてきたものであり、したがって理性的・反省的にそれに抵抗しても「感じ」は変わらないのだ。言語には固有の社会的価値が付着しているのであり、「官僚」や「医者」や「教授」の中にいかに劣悪な者がいようと、それぞれの言葉は高い価値の響きを維持している。同じように、「ホームレス」や「中卒」や「水商売」という言葉は、その中にいかに人格的に立派な人がいようと、言葉としては価値の低い響きに留まっている。

とはいえ、価値の高低の響きは未来永劫《えいごう》不変なわけではない。「韓国人」や「アジア人」という言葉から価値の低さはほとんど消え去ったように思われるし、「ゲイ」という言葉はここ二十〜三十年でずいぶん低さから脱したように思う（ただし「ホモ」という言葉は依然として低い価値を担っている。まして「オカマ」という強烈な色合いをもった差別語は厳然として存在する）。

つまり、子供は言葉を学ぶとき、同時にその社会の価値意識を学ぶのであり、快・

不快の対象を学ぶのである。とすれば、言葉教育の仕方によって、差別感情をかなり希薄化できるという展望は開かれる。

しかし、現代日本においていかに差別に対する社会的制裁が厳しくても、現に差別感情は各人のうちに存在する。むしろ、今日の問題状況は、「差別をしてはならない」という社会的コンセンサスと自分は差別感情を抱いているという内的現実とのズレである。少なからぬ人が、このズレに悩んでいる。あまりにも社会的コンセンサスに合致した行為をすると、自分の誠実性が叫び声を上げる。あまりにも自分の誠実性を守ろうとすると、社会的に排除される。ここには、二つの領域を画然と分けている高い壁がそびえている。

「文化としての障害」という思想がぶつかる壁

まさにこの壁に「文化としての障害」という思想はぶつかる。

(普通)われわれ人間は、眼が見えるほうがいい、自分の脚で歩けるほうがいい、自分の頭で考えられるほうがいい、他人の介護によらずに生活できるほうがいい……と望む。これらをA群とする。この群には、生物体としての人間の基本的欲求が含まれている。

これに対して、（普通）われわれは定職があるほうがいい、特殊の才能があるほうがいい、肉体的に魅力的であるほうがいい、趣味豊かな生活を送れるほうがいい、（場合によって）死後の運命に関する宗教的安心を得ているほうがいい……と望む。これらをB群と呼ぶ。この群には、社会的存在としての人間の基本的欲求が含まれている。

もちろん、両者の境目は曖昧であり、人間は複雑である。ある身体障害者はそうした障害を抱えたまま心の底から幸福なのかもしれない。A群とB群のすべての要素が与えられていても不幸な人はいくらでもいる。だが、すぐにそういう平板化の方向にいくことを控えよう。そうすると、差別の基盤を形づくっているものが見えなくなるからである。意図せずきれいごとを語り出してしまいがちであり、こうありたいという願いと現にこうであるという現実との境が見えなくなるからである。

「文化としての障害」という思想は、身体障害者に対して差別があってはならないという願望から出たことである。誰も好きこのんで身体障害者として生まれてきたわけではなく、身体障害者になったわけでもない。だからこそ、自分は身体障害者であることを恥じたり卑下したりすることなく、健常者と同じく誇りをもって生きたい。こうした要求から、「文化としての障害」という思想が生まれたと言ってよい。

だが、A群に属する特性を「文化」と呼べるであろうか？　「文化」という概念をそこまで拡大できるであろうか？　「文化としての障害」を認めるということは、健常者も一つの文化に属しているとみなすこと、すなわち眼が見える、耳が聞こえる、自分の脚で歩ける……ことを一つの文化として認めることである。はたしてそれは可能なのか？　立ち入って考えてみよう。

例えば「聾文化」に固執する人々がいる。ある日のテレビ番組で観たのだが、アメリカで耳に装置すれば聾唖者にも「聞こえる」ようになる特殊の器具が開発された。しかし、それを購入し装着しようとする聾唖者に、聾唖者のあるグループが反対する運動が生じているという。手話をはじめとする豊かな「聾文化」が消滅することを危《き》惧《ぐ》してのことである。しかし、ここには無理があるのではないだろうか？　百歩譲って、そういう信念をもつ個人がその装置を拒否することはわかる。しかし、彼が他の聾唖者に対して「聞こえる」ことを否定させる権利はないのではないか？　同じことが、盲人のために「見える」器具を開発すること、脚を切断した人のために「歩ける」器具を開発することについても言える。身体障害者が自分のあり方を否定されたくない気持ちはわかる。とりわけ、彼らに責任がない場合には。しかし、このことと生物体としての基本的機能を取り戻したいと望むこととは区別しなければならず、そ

の要望を一般的に否定してはならない。

ある障害者が出産を間近にして、これまではあれほど自分の障害を文化として誇っていたのに、つい生まれてくる子の五体満足を望んでしまう自分を見出して啞然とした、という内容のテレビ番組を観たことがある。

彼女は正直であると思う。五体満足である者のほうがそうでない者より価値があるという判断には社会的・文化的要因も確かに動いているが、それだけではあるまい。もっと素朴に、ヒトという生物体の種としてより価値があるのだ。動物の一種としての人間を強調することによって人間をとらえるという「自然主義的誤謬《ごびゅう》」に陥ってはならないことは重々承知しているが、としても眼が見えることと見えないこと、自分の足で歩けることと歩けないことを、完全に対等な文化として水平化することは欺瞞的であろう。障害も一つの固有な文化として扱われるべきなのであるかもしれないが、対等な文化であるわけではない。生物体としてのヒトの基本能力である考える、見る、聞く、話す、歩く、走る……などを「文化」とみなせないことに呼応して、その欠如を文化とみなすことはできない。

これに対して、B群におけるマイノリティーは文化への道が開かれているように思われる。黒人やゲイを「治す」薬ないし装置の開発は、いまや——女性を男性化する

薬の開発が奇異であるように——奇異である。トートロジカルな結論しか導けず、最終的には「われわれの感じ」に基づいているのだが、こうしたB群におけるマイノリティーはその特質がマジョリティーに比べてとくに劣位に立つとは思われないからである。こう言い換えてもいい。社会的な規制や迫害がなければ、そのままの文化を保ったまま、こうした集団に属するメンバーは幸せを感じることができ、自由にかつ誇りをもって生きることができるからである。

いまや西洋人の目から見て、東洋の文化は単なる欠如ではなく、自分たちにはない固有の高みをもった文化であることが承認されている。男の目から見て、女は単なる欠如ではなく対等の存在者であることが承認されている。この延長上に、無理な思い込みをしなくても、ゲイや黒人は位置を占めることができるように思われる。

ノーマライゼーション

「文化としての障害」に近い概念として、「ノーマライゼーション」がある。だが、これは——一見するとそう思われるように、そしてそう解している人も少なくないのだが——障害者は健常者と同じようにノーマルであるという基本信念に立って旧来の意識改革を進めることではない。そうではなく、健常者がノーマルであることは認め

たうえで、障害者もノーマルな人となるべく同じように生きられる社会を実現しようという運動である。

ニィリエは、ノーマライゼーションに関する「よくある誤解」の第一として次のものを挙げている。

誤解1「ノーマライゼーションとは人間をノーマルにすることだ。」

いいえ、いいえ、とんでもない！ ノーマライゼーションとは、正常という意味ではないのだ。これは、人間を〝ノーマルにする〟べきであるという意味ではないのだ。これは、誰かに誰かの特別な基準（例えば隣人の51％の人たちがすることであるとか、〝専門家〟が最善であると考えること）に従うような行動を強制されるという意味ではないのだ。これは、知的障害のある人々が〝ノーマル〟であるべきとか、その他の人たちと同じように振舞うよう期待されるという意味ではないのだ。ノーマライゼーションとは、知的障害者が、可能なかぎり社会の人々と同等の個人的な多様性と選択性のある生活条件を得るために、必要な支援や可能性を与えられるべきであるという意味だ。ノーマライゼーションとは、〝ノーマル〟な社会で、障害も一緒に受け入れられ、他の人たちと同じ権利と義務、可能性をもっていると

いう意味だ。(『再考・ノーマライゼーションの原理』ハンソン友子訳、現代書館)

立岩真也も、ほぼ同じ見解を述べている。

障害をノーマルにすることではなく、その本人をノーマルにすることではなく、社会の方をノーマルにしていくことが主張される。(中略)障害があろうがなかろうが同じに暮らすことができるようにと言うときに、すでにそこで社会の原理自体が変わっているのであり、社会はそのままではありえないのである。(中略)ノーマライゼーションは順応や同化を説くものではなく、社会のあり方についての代案の提示なのである。(「ノーマライゼーション」市野川容孝編『生命倫理とは何か』所収、平凡社)

どうしても「ノーマライゼーション」という言葉に引き寄せられて解釈してしまいがちであるが、これは健常者と並んで障害者も同じように「人間としてノーマルである」ことを認めよ、という運動ではなく、健常者と障害者との差異を認めたうえで、障害者も健常者と「同じ権利と義務、可能性をもっている」ことを認めよ、という運

動なのである。

しかし、私の個人的感想を言えば、ノーマライゼーションを提唱する人の中には、ニィリエの言う「誤解1」のような見解をもっている（かのような）人が多々見かけられる。だからこそ、ニィリエがこれを「よくある誤解」の第一に挙げたのであろう。立岩も注意を促しているのであろう。

例えば、パラリンピックに私は一抹の違和感を覚える。選手たちも応援する者たちも過度に快活であり、過度に幸せそうである。（健常者の）オリンピックの場合なら、そこに醜いエゴイズムも悲しい人間ドラマも観られるのに、パラリンピックでは、全光景がひたすら「肯定的姿勢」に彩られ、すべての人が満足し歓喜に輝いている。その光景になんとなく居心地の悪さを覚えるのである。

好井裕明は、こうした「居心地の悪さ」を『二四時間テレビ　愛は地球を救う』に即して冷静に語っている（『差別原論』平凡社新書）。

確かにさまざまな困難を前にして、生きている姿は感動的だし、そこには〝ひとがひととして生きる姿〟〝ひとが他者と繋《つな》がって生きていく意味〟が満ちている。しかしそこには同時に〝典型的で、過剰な〟その意味で〝歪められた〟障害者のカ

テゴリー化が、これでもかと見る側に刷り込まれていくのである。〝福祉的な言葉や理屈、情緒の世界〟に障害ある人を括《くく》り込み、彼らを「同情や哀れみ」の対象として、同時に障害を克服して生きる「ガンバリズム」の象徴として、描いていくのである。「障害者」や「難病患者」は、このように理解しなさい。きつくいえば、そうした命令にも似た要請が、見る側に届いてしまうのではないだろうか。

　こうした〝しるしづけ〟や〝囲い込み〟になんとか気づいて、自分の暮らしのなかでそこから脱していきたいと私は思う。

　差別感情を修正するには、ラディカルな価値転換が必要であり、そのためのデモンストレーションも有用であるかもしれない。そうはっきり自覚していればいいのであるが、おうおうにして無理が生ずる。そして、そうしたゲームに夢中になっていくうちに――本書の最後のテーマであるが――しらずしらずのうちにわれわれのうちなる「誠実性」をしぼませていくのではあるまいか？

　最後に、ノーマライゼーションは、多様な人間のあり方を認める運動なのであるから、――いかに奇異であろうとも――整形手術によって「白人化」を望む黒人を妨げてはならないし、「ストレート化」を望むゲイを妨げてはならないし、薬ないし手術

によって「性転換」を望む性同一性障害者を妨げてはならない。すなわち、障害者の多様な願望（その一部として健常者のようになりたいという願望がある）をつぶしてはならないのである。その場合のみ、ノーマライゼーションは説得力のある運動になりえるであろう。

2　嫌悪

嫌悪は能動的感情である

「嫌悪」についても「不快」の場合と基本構図は同じであるが、われわれが投げ込まれている状況は、さらに残酷であり、さらに解決困難な相貌《そうぼう》を帯びてくる。不快が受動的感情であるのに比べて、嫌悪は能動的感情であって、私がある人を嫌うとは、私が彼を「嫌うべきもの」として意味づけることなのだ。

こうしたメカニズムについて、サルトルは嫌悪に近い感情である「憎しみ」についてきわめて優れた分析をしている。

ところで、私の憎しみは、私の反撥の体験と同時にあらわれるが、でも、それがあ

られるのは、その体験をつうじてである。それはまさしく、この体験に局限されないものとして、あたえられるのだ。それは厭嫌とか反撥とか怒りとかの各運動のなかで、またそれをつうじて、あたえられるものではあるが、しかし同時に、それはそれらの運動のうちのどれでもなく、自分の恒久性を確言しつつそれらのどれからものがれるのである。憎しみは、意識の瞬間性をはみ出るもので、現われと存在とにどんな区別もあり得ないという意識の絶対的な法則には、屈しないものだ。したがって、憎しみとは一つの超越的対象である。（「自我の超越」『哲学論文集』所収、竹内芳郎訳、人文書院）

この憎しみの存在論は、愛や嫌悪、軽蔑や尊敬などいわゆる感情にすべて当てはまる。サルトルの用語に倣《なら》えば、こうした感情はそれぞれの体験や意識に直接与えられているものではなく、それから超越するものであり、われわれはそのつどその一側面を意識するだけなのだ。

このことは、差別感情としての嫌悪について考察するとき、とりわけ重要な意味をもってくる。私が被差別者である彼を嫌うのは、すでに彼を「嫌うべき超越的対象」としてとらえてしまっているからである。私はその場合、個々の不快感とは別のもの

として、個々の不快感に回収されないものとして、嫌悪という感情の「恒久性」を、その「超越的統一」を構成してしまっている。いま私はたまたま彼に不快を感じないとしても、私が「嫌うべき対象」としての彼は保全される。私は時折、彼が嫌いかどうかを点検することもあるが、それはただ彼が嫌いであることを再確認するためだけである。

こうして、おうおうにしてまったく不快の感情をもつことなく、しかもある人あるいはある人の集団に対する嫌悪感は成立しうる。ある人がユダヤ人を嫌っているとしよう。それは、「ユダヤ人は好きですか?」と聞かれれば、いつでも「嫌いです」と答える用意があるということである。そして、その論拠さえ次々に挙げることができる。眼前の男がユダヤ人と知らずにいるあいだは、何の嫌悪感も抱かずに対しているが、それを知ったとたんに嫌いになる、そういう嫌悪をもつことが可能だということである。

不快に単なる生理的不快ではない「倫理的不快」というものを認めると、これと嫌悪とは近づいてくる。私は彼のなよなよしたしぐさに対して倫理的不快を覚えている。なぜなら、私の信念によると、男はそうするべきではないからである。私は彼女が電車の中で化粧をするのに対して倫理的不快を感じている。なぜなら、私の信念に

よると、そうすべきでないからである。

この場合、私は彼や彼女のしぐさに嫌悪を覚えていると言ってもほとんど同じである。ただし、「倫理的」とはとうてい言えない嫌悪もあるのだから、両者は完全には重なり合わない。例えば、私は彼が女にもてるから嫌いであるとは言えても、彼に倫理的不快を感じるとは言えないであろう。私は彼女が私の嫌いな母親にそっくりだから嫌いであるとは言えるが、彼女に倫理的不快を感じるとは言えないであろう。両者はかぎりなく重なり合いながら、完全には重なり合わない二つの集合である。

嫌悪は社会的感情である

ユダヤ人差別や被差別部落差別など歴史的・文化的に背景をもつ差別の場合、彼らに嫌悪を覚えるにしても、かぎりなく個人的感情から離れていることが多い。われわれは、その差別感情を学ぶのであり、それを確固としたものに築き上げていくのである。

その場合、私がある対象Gを嫌悪すべきものと意味づける動機は完全に「うちから」のものではない。家庭や学校における教育によって、同年齢の者からの知的伝播によって、書物や映画その他のメディアによって……私はGを嫌悪すべきものとして

「そとから」動機づけられる。気がついたら、私はもうGを嫌うべき対象として固めている。嫌悪の感情も（あらゆる感情と同様に）私が完全に創案するのではないのだ。

例えば、ある人（A）は子供のころ「被差別部落出身者」という概念をもっていなかった。だから、当然のこととして、そう呼ばれる人に対する嫌悪感もなかった。だが、次第にAはさまざまな経路でその概念を取り入れ、その概念をAなりにマイナスの価値を付与して築き上げていく。彼はその当人を見分けられない。出会ったこともない。だが、誰かが被差別部落出身者であることがわかったら、自分は彼（女）を受け入れないであろうと確信している。

こうして、Aは被差別部落出身者が嫌いなのであるが、体験の裏づけのないまま、ひたすら観念によってこの偏見を築いてきた。この場合、Aはじつのところ観念としての被差別部落出身者を嫌っているのである。

一方で、観念としての差別感情を覆すほど難しいことはない。差別感情に凝り固まっている人は、事実を突きつけられても観念を変えることはないのだから。いかに被差別部落出身者が「普通の」人間であることを実証的に提示しても「被差別部落」という言葉のもつ幻惑を消すことはないのだ。しかし、他方、事実に基づいていないからこそ観念を教育で変えることによって、あるいは自然に変わっていくことによっ

て、差別感情が消えていくという期待も生まれる。

現代日本の大多数の人にとって、結婚相手が江戸時代に武士であっても農民であってもどうでもいいであろう。現在の差別語である「穢多」や「非人」が現在の「武士」や「農民」という観念のようになってしまうことが差別解消の到達点なのだ。「私の家は、江戸時代百姓でしてねえ」というように、「私の家は江戸時代穢多でしてねえ」と言えるようになり、それに「あ、そうですか」というほどの反応しか示さなくなるとき、われわれは「穢多」や「非人」という観念における差別から解放されるのである。後に考察するが、（欧米型）現代社会が、差別語をヒステリックなほど禁止するのは、行き過ぎという感も否めないのであるが、こうした洞察に基づいているとも言えよう。

正常だと思われたい欲望

差別感情としての嫌悪には「正常だと思われたい欲望」、言い換えれば「異常と思われたくない欲望」がまといついている。

ゴフマンはこの領域において精力的な研究を続けたが、その最も基層に「ムーブ」と「トーク」が位置する。

例えば、阪本俊生の挙げているわかりやすい例を敷衍《ふえん》してみると（「トークと社会関係」安川一編『ゴフマン世界の再構成』所収、世界思想社）、私が停留所でバスを待っているとき、ふと忘れ物に気づくと、「あれ！」と小さく叫んで頭を傾げ、あるいは「おかしいなあ？」と呟《つぶや》いて鞄《かばん》の中をかき回すなどの行為をしてから、列を離れる。そこにいる他人に「忘れ物をして列を離れる」ことを示すためである。バスが近づいているのに何の理由もなく列を離れることは「正常」でないので、周囲の者に自分は正常だというはっきりしたサインを送るのだ。

あるいは、私が教室に入ったとき、強風が吹いてきて扉がバタンという大きな音を立てて閉まった。私はとっさに振り返って「あっ！」と叫び驚くしぐさをする。これも、いま自分は大きな音に驚いているのだからけっして意図的ではない、というサインを教室にいる学生たちに送っているのだ。この場合あえて分ければ、身体運動としてのサインが「ムーブ」、言語としてのサインが「トーク」である。

こうして、われわれは他人の面前でたえず自分が「正常である」証拠を示すことによって、異常人物、危険人物ではないというサインを送っている。同じことであるが、他人にも同じように「正常である」サインを自分に送ってくれることを期待する。こうした欲望はわれわれのきわめて深いところに達した了解であるので、意図的

でありながら意図的であるという自覚はない。計算をしていながら、計算しているという自覚がない。

しかも、このサインはあたかも自然現象のようにスムーズに運ばれることが要求される。バタンと扉が閉まったとたんに、「あっ！」と叫んで振り返らなければならない。そこに、わずかの逡巡《しゅんじゅん》でも見透かされるとき、われわれは居心地が悪くなる。とっさにその人に「異様な人」あるいは「変な人」というレッテルを貼ってしまうのだ。

こうして、あなたは夥《おびただ》しい数のムーブやトークを周囲の他人に期待し、この期待に応えない他人に不快を感じ、憤りを覚え、場合によっては恐怖を感じる。そして、もしかしたら自分もこうした期待に応えていないのではないかという不安にたえず襲われている。ここに、差別感情につながるはっきりとした水路が見えてくる。

儀礼的無関心

(欧米型)現代社会では、人々は外見によって職業・身分・出自などを区別できない。しかも、満員電車の中とか、デパートの中、繁華街など、不特定多数の人が、自分の周囲に肌を接して群がっている。これはきわめて不安定な・不安を呼び起こす・

危険を予知させる状況である。こうした状況は想像以上に個人を緊張させ、周囲の他人とは、気軽に話し合う、頷《うなず》き合う、目配せするなどの非言語コミュニケーションも最低限に留め、互いに身体の接触を避け、互いに前後左右の人々にいかなる関心ももたないようなそぶりを続ける。こうした態度を、ゴフマンは「儀礼的無関心（civil inattention)」と呼んでいる。先ほどのムーブやトークと重ね合わせると、（欧米型）現代社会においては、たえず互いに「正常である」というサインを発しつつ、その正常値を認知し合った関係を維持したまま互いに無関心を装う態度が要求されているのである。

薄井明は、こうした状況に投げ込まれている自己を（ゴフマンに由来しながら特別な意味を込めて）〈市民的自己〉と名づけて、次のようにまとめている。

> このように、〈市民的自己〉は本来脆《もろ》い存立物である。「表出秩序」に抵触する他者のちょっとした振舞いで傷つき毀れてしまう代物なのだ。（「〈市民的自己〉をめぐる攻防」前掲書所収）

〈市民的自己〉はきわめて不安定であり、緊張を強いるものである。それはとりわけ

自らに向けられた他人の無礼・不作法に対して過敏である。自分が他人から無礼・不作法を受けた場合は、直ちに相手に対して「補修作業」を要求する。例えば、誰かが人混みの中であなたの足を踏んでしまったとき、あなたはその人が瞬間的に「ごめんなさい！」とか「すみません！」と言わなければ、不快を感じ、多々憤りを覚えるであろう。相手がたとえこう言ったとしても、その言い方が機械的であったら、皮肉に充ちていたら、つまり「自然」でなければ、あるいはそこに一時の逡巡でもあったら、あなたは相手を赦《ゆる》さないであろう。こうした簡単そうに見えてじつは多大な要求が詰まっている儀礼的な「すみません！」という発話行為が補修作業である。〈市民的自己〉は一歩家を出るや否や、自ら膨大な数の補修作業を重ね、他人にもそれを要求している。そして、ちょっとでもそれができない人、自然でない人を見つけるや、「まともでない人」という烙印《らくいん》を押してしまう。例えば、電車の中で歌を歌い続ける男、へらへら笑い続ける女に対して周囲の乗客は一般に補修作業を求めない。なぜなら、それが期待できないことを察知するからである。そして、その代わりに、逸脱行為をする者（K）以外のすべての乗客を「正常者」として、その反対側に「異常者」としてのKを配置するという二項対立の世界を築き上げる。こうすることによって、〈市民的自己〉は一時的に訪れた不安を解消するのである。

「いじめ」の権力構造

以上との関連で、被差別者をたえず生産している残酷な場面、すなわち子供たちの「いじめ」に眼を向けてみよう。「いじめ」は前節の「不快」と次節の「軽蔑」をも巻き込む感情であるが、やはりその中心は「嫌悪」であるように思われる。

いじめについては夥しい数の論考があるが、権力構造という観点からいじめを分析した赤坂憲雄は、いじめ問題に正面から取り組み、権力構造という観点からその独特の難しさを抉り出している。

秩序は差異の体系のうえに組みたてられている。差異が消滅するとき、成員たちは模倣欲望の囚人《とりこ》となり、たがいに模倣しあい均質化してゆく。いわば、分身の状態。この分身化こそが、差異の消滅のさけがたい帰結のかたちである。そのとき、秩序は安定をうしない、カオスと暴力の危機にさらされる。自己とその影、あるいはオリジナルとコピーが殺戮劇を演じはじめる。このような分身の普及、憎悪を完全に相互交換しうるものにするいっさいの差異の完璧な消失は、全員一致の暴力の必要かつ十分な条件となる。（『排除の現象学』ちくま学芸文庫）

「いじめ」について語るとき、われわれは差別について語るときと同じ虚しさと闘わねばならない。この卑劣で残酷な事柄については、すべてが語り尽くされている感さえある。しかし、千万言を費やしても、体当たりの実践を重ねても、いじめは根絶できないのだ。「いじめ」に取り組む者は、まずこうした現実認識から出発しなければならない。同書が優れているのは、その自覚がみなぎっているからである。子供にとって、学校という壁に囲まれ教室というさらに壁に囲まれた微小空間のうちが世界のほぼすべてである。そこで、朝から夕方まで同じ数十人の者と付き合わねばならない。

そこには、「平等思想」が蔓延《まんえん》しており、学力や体力や人間的魅力など歴然と差異は実在するのに、教師によって成員自身によって日々その差異を消す努力がなされる。子供たちは、こういう嘘で固めた濃密な空間において窒息しそうなのだ。成員はこのものすごい圧力から抜け出たいが、「平等思想」自体を否定することも、現実の差異を否定することもできない。そこで、子供たちは両者を保ったまま気圧を下げることのできる「風穴」を掘ろうとするのだ。

差異の消滅。この秩序の危機にさいして、ひとつの秘め隠されていたメカニズムが作動しはじめる。全員一致の暴力としての供犠《くぎ》。分身と化した似たりよったりの成員のなかから、ほとんどとるに足らぬ徴候《しるし》にもとづき、ひとりの生け贄《いにえ》（スケープ・ゴート）が択《えら》びだされる。分身相互のあいだに飛びかっていた悪意と暴力は、一瞬にして、その不幸なる生け贄にむけて収斂《しゅうれん》されてゆく。こうして全員一致の意志にささえられて、供犠が成立する。供犠を契機として、集団はあらたな差異の体系の再編へと向かい、危機はたくみに回避されるのである。（同書）

「ひとりの生け贄」Aが選《え》り出されることにより、集団内の気圧は加速度的に下がる。Aはやはり知的・肉体的に劣位にある者である。Aを選び出すことによって、クラスはAとA以外という「あらたな差異の体系の再編へと向かい」、差異の視線がAにのみ向けられることによってA以外の者のあいだに実在する現実の差異は希薄化され、彼らのあいだには「平等思想」が確認される。こうして、そこには「平等思想」を維持したまま、差異をも肯定する安定した空気が流れる。まさに「危機はたくみに回避される」のだ。

こうした再編成を赤坂は「共同性に違背することの恐怖が共同性そのものを成立さ

せているという構図」と言っている。集団にとっての敵がはっきりしているあいだは、その集団の成員間の「共同性」は安泰である。だから、集団の安泰を企図する政治家は、共産主義者とかユダヤ人という象徴的敵を確保することにやっきであった。それが、集団のそとにうまく見いだせないとき、各成員は集団のうちに「生け贄」を見いだすというわけである。

鳥山敏子の「からだ」論

であるから、「ひとをいじめないように！」というお説教だけでは何の効果もない。かつて鳥山敏子は、こうしたきれいごとではいじめは撲滅できない、いじめとは何かを子供たちの「からだ」に叩き込まねばならないという思想のもとに、精力的な実践を積み重ねていた。

鳥山は二十年ほど前まで、テレビにもよく出演して、テレビカメラの前でいじめの実践教育現場を再現していた。父母がぐるりと取り囲む体育館で小学校高学年の子供たち数十人がいじめを実践する。あくまでも演技ではあるが、実際と同じような場面が繰り広げられる。そのうち、子供のことだから、次第にリアリティーが増してくる。泣き出す子供もいる。しかし、あらかじめ子供は決して父母や鳥山のところに助

けを求めてはならないという規則が設定されている。そのときは、自力でどこまでいじめに対抗できるかという実践であった。

私自身、十年以上も前に（時間表示は単行本刊行時の二〇〇九年を起点としている、以下同）、彼女のワークショップに参加した。いじめがふんだんに含まれている宮沢賢治の童話を用いた劇を参加者がからだごと演ずることを通じていじめの悲惨さのみならず、いじめる側の愉快さをもからだに叩き込もうという意図である。

鳥山の実践は一つの解決の方向を示している。抽象的に「いじめてはいけません」「みんな仲良くしましょう」「生命を大切にしましょう」などの、言葉をいくら並べても子供の世界の権力関係の中核には到達しない。むしろ、こうした空疎な言葉は現実の過酷さをよく知っている子供たちに反感を抱かせるだけであろう。

こうした現実的教育をさらに進展させて、私は、小学校高学年にもなったら、先ほど述べた「いじめの権力構造」をそのまま教えることを提案したい。現実社会は権力構造に彩られており、きみたちはすでにそれを察知していて、無意識的にその予行演習をしているのだ、と教師たちは子供たちにそのまま言ってみるのである。人間は平等であるとか基本的人権というきれいごとは単なる理念であって（理念としてはすばらしい）、現実は似ても似つかない修羅場《しゅらば》であることを教え込むことである。誰も加

害者になりたいとは思わなくとも、身を守りたいあまりにいつか加害者になってしまっているとそのまま教えることである。

人間は十歳にもなれば、こうした過酷な権力関係を知っている。それなのに、教師たちは教室であたかもそれが存在しないかのような、あるいは唾棄《だき》すべき悪であるかのような御伽噺《おとぎばなし》を語るから、子供たちは聞く耳をもたなくなるのである。

差別感情の強い人

以上の考察を踏まえて、差別感情としての嫌悪が強い人の類型が見えてくる。それは、与えられた状況に鈍感な人ではなくて、むしろきわめて敏感な人であろう。その中で、「正常だと思われたい欲望」を強くもち、「儀礼的無関心」を装いながらも自分の周囲に異常な人を嗅《か》ぎつけ、括り出し、告発する人である。

こうした諸規準を当てはめてみると、こういう人が社会的に認知された被差別者(予備軍)、すなわち身体障害者・被差別部落出身者・ホームレスの男・売春婦・乞食など現代日本社会における明確な社会的弱者に対して定型的な嫌悪感を抱く傾向にあることはわかりやすい。

しかし、ベクトルは逆のように見えながら、同じように差別感情の強い人がいる。

彼は、社会的弱者に嫌悪感を抱く人以上に「正常だと思われたい欲望」を強くもち、さらに自他に対する道徳的要求の高い人であり、それゆえ他人の不（非）道徳を異様に攻撃的に追及する人である。彼は、社会的弱者に差別感情を抱く人に対して猛烈な怒りを覚えている。社会的弱者に関してちょっとでも軽蔑的あるいは配慮のない発言をすると、凄《すさ》まじい怒りを爆発させる。庶民感覚のわからない首相を嘲笑《ちょうしょう》し、女性を「産む機械」と発言した閣僚や「日本は単一民族国家」と発言した閣僚に直ちに辞職を迫るのである。

こうした怒りは、現代日本社会のみならず欧米型現代社会一般の倫理観にしっかり守られており、よってその表出は（時流に乗っているという意味で）気楽であるという構造を自覚しているのなら多少マシであるが、こういう「事件」に対してごく自然に怒りを噴出させ、それに対して微塵《みじん》の自己批判精神もないとしたら、ひどく危険であろう。こういう人こそ、「正常だと思われたい欲望」を強くもち、自他に対して道徳的要求の高い人であり、しかも帰属社会の潮流に順応しやすい人であるという意味で、差別に傾きやすい人なのである。

その社会における価値観とぴったり一致して差別に怒りを覚える人は、どこまでも「正しい」と評価されるからこそ、あえて自己批判的にならなければならない。その

怒りが「正しい」とみなされるからこそ、繊細な精神をもって、自分の怒りには時代の潮流に乗っている気楽さや安全性が潜んでいることをしっかり見据えなければならない。

「日本は単一民族国家」発言に対する柳田邦男の批判

私が総体的には良識的だと思う評論家の柳田邦男は閣僚の「日本は単一民族国家」発言に対して、次のように語っている（『新潮45』二〇〇八年十一月号、なお、象徴的な批判なので、かなりの長さにわたって飛ばし飛ばしに引用する）。

九月二十六日朝の新聞に目を通すと、麻生新政権（二十四日発足）の国土交通大臣に就任したばかりの中山成彬《なりあき》氏が、前日の初記者会見で言いたい放題の発言をしたことが大きく報じられていた。（中略）

(2)（観光政策にからんで、外国人旅行者をどう増やすかについて）「外国人を好まないというか、望まないというか、日本はずいぶん内向きな、単一民族というか、世界とのあれがないものだから内向きになりがち」、云々。（中略）

これらの発言のどの一つを取り上げてみても、中山発言は何の裏付けも根拠もな

いものであることは、あまりにも明白だ。(中略)メディアは、なぜ重要な意味を持つこのような「失言」について構造的な分析をしないのか。(中略)
私がまず考えたのは、まさにそのことだった。とりわけアイヌの生活や文化について、本を読んでいる最中だったので、中山氏の「日本は単一民族」という発言に胸をグサリと刺されるような感覚を味わった。そして、私の頭の中では、中山氏に対して怒りの感情よりむしろ「なぜだ?」という疑問のほうがぐるぐると駆けまわった。
〈なぜ、こういう発言が出てくるのだろう? なぜだ? なぜだ?〉——と。

ここまでは、まあ「普通の」批判である。だが、最後の数行からも予感されるように、ここから柳田氏は、あまりにも定型的かつ帰属社会の価値観にぴったり身を寄せた批判に終始する。

彼は、東京大学法学部を卒業し、国家公務員上級職の中でも一番難かしい旧大蔵省に入ったエリート中のエリートだ。(中略)しかも、若くして大蔵官僚から政治家に転身、小泉内閣で文部科学大臣になっている。

にもかかわらず、「日本は単一民族」という言葉を吐く。この言葉は、その一語だけで意味が明示される性質のものであって、「言葉足らず」とか「説明不足」などと言って意味づけが変わるものではない。そういう言葉を、閣僚の一人に名を連ねる立場にいながら、吐いたのだ。（中略）

《「東大―大蔵省」というエリートは、一体何を勉強してきたのだろう？　どんな感性の持ち主なのか？》

《東大に入るまでの小中高校時代に、どんな本を読んで育ってきたのだろうか？》

《「ゆがんだ教育」という小中学校教育論に固執しているが、自分は出身地宮崎でどんな教師に出会い、どんな教育を受けてきたのだろうか？》

私がこの文章に注目したのは、エリートに対する過度な期待とその期待にそわないエリートを弾劾する見事なほど紋切り型の語り口である。東大入学試験は、道徳的な学生が合格するわけではない。東大は高潔な人になるように教育する場ではない。まして大蔵省は、差別感情の皆無な品格のある官僚を採用するわけではない。東大も大蔵省もただ知的能力の優れた者を採用しているだけである。知的能力と道徳的資質と

はさしあたり何の関係もなく、知的能力が優れている人間が品格のある人間であるわけではない。そういう場合もあろう、そうでない場合もあろう。つまり、まったく関係ないのである。

柳田の「なぜだ？」という疑問は、間違った前提から間違って立てられた問いである。だから、答えはないのである。

「知的水準発言」に対する米谷ふみ子の批判

以上のものと非常に似ている政治家の発言とそれに対する民間人の発言を見てみよう。かなり古い話であるが、一九八六年九月二十二日、中曾根康弘首相（当時）が「アメリカには黒人とかプエルトリコとか……が相当いて、平均的に見たら〈知的水準〉はまだ非常に低い」と発言した。これに対しては、直ちにジャーナリズムが取り上げ大々的に攻撃した。その中には妥当な批判もあったが、きわめて偏ったものもあった。例えば、長くアメリカに在住している作家・米谷《こめたに》ふみ子の反応は次のものである（これは一度拙著『英語コンプレックス　脱出』〈NTT出版〉で扱ったが、もう一度さらに踏み込んだコメントを加えてみたい）。

（前略）叔父様、この首相の発言は、二十六年前に来て以来、米国に住む日本人として一番大きなショックであったと言っても過言ではないでしょう。……首相は人種的偏見語で米国人を侮辱したのみならず三大陸における民族を侮辱したのです。偏見首相は私たちとここで友達であった同じ少数民族を勝手に敵に回されました。偏見を受けた人々は決して忘れはしないでしょう。もう遅すぎます。みにくい傷がつきました。将来いやすことが出来るのでしょうか。（朝日新聞、一九八六年九月二十九日付朝刊）

当時は、アメリカ在住の日本人が外出するとトマトをぶつけられるなどの嫌がらせが頻繁に起こり、相当迷惑を感じていたことであろう。おかしいことに、わが国の各メディアはそうした短絡的なアメリカ人の粗暴な反応を非難せずに、一斉にわが国の首相に対して攻撃の矛先を向けた。この場合、中曾根首相は先の国土交通大臣の発言と同様、首相として政治家として不適格なのであって、それ以上のものではない。だが、米谷の発言およびそれを奨励する朝日新聞は、それ以上のものとして、中曾根首相が人間として劣等であるかのような判決を下したいようだ。米谷の口調はますます激しくなる。

叔父様、日本人の知的水準が米国のそれより平均点が高いというようなことを首相が述べておられますが、日本では人間教育を金もうけのごとく数字で表すのでしょうか。あれでは帰国子女問題もいじめの問題も解決はつかないと思います。……また、そういうふうな数字で計られる知的水準を持たれた方々が、日本特有の天皇を中心とする上と下の関係ばかりを重んずることを道徳（？）とし、その自分たちの特殊な尺度で、多民族で成り立っているあくまでも平等を主張している国を計ろうというのですから。全くこの荒唐無稽《こうとうむけい》な行動で、この度、首相は国際的な非常識を、時代錯誤を、教育の低さを世界中に赤裸裸に示されました。（同紙）

「日本では人間教育を金もうけのごとく数字で表すのでしょうか」とか「そういうふうな数字で計られる知的水準を持たれた方々」と米谷は皮肉たっぷりに語るが、アメリカは日本以上に格づけ社会であり、いじめも校内暴力もすさまじい。われわれはやっと最近になってこの事実を知ったが、当時在米中の著者はそのことも知っていたはずなのに、それをまったく封じて祖国の教育のみを非難するというのはとうてい公正とは言えない。とりわけ「自分たちの特殊な尺度で、多民族で成り立っているあくま

でも平等を主張している国を許ろうという」というくだりは、二重の意味で間違っている。第一に、アメリカの基準を全世界の基準だと勘違いしている「アメリカ原理主義」の教徒である点において。そして、第二に、アメリカに限っても「平等」は理念であって現実ではない点において。

米谷の発言の危険性は、――柳田と同じく――自らを正義の側に置いて相手を断罪していることである。しかも、その正義が侵害されたいまとなっては、加害者を徹底的にうちのめしていいという信念に裏打ちされている。

自己批判精神を欠いている人は、時代の風潮に乗った「正義」の名のもとに思う存分その侵害者を弾圧する。「民族間の平等」と「男女間の平等」という現代版の正義を振りかざして、強力な後ろ盾のもとに反対者を摘発し血祭りに上げる。こういう態度は、魔女を一掃することを正しいと信じていた人々、ユダヤ人を全滅させることこそ正義だと確信していた人々とじつのところ「心情構造」を共有しているのである。

われわれは、これまで「正義」の名のもとに壮大な悪がなされてきたことを知らなければならない。「正義」の名のもとに行われる非難・迫害・排除が一番過酷であったことを知らなければならない。

人を嫌ってはならないのか？

以上により、嫌悪は不快よりはるかに観念的であり不合理な動機に基づいているからこそ、不快よりさらに人を攻撃する力をもっていることを示したように思う。だが、だからといって嫌悪という感情を一般的に禁止すべきだという結論に至るわけではない。

むしろ、嫌悪はしばしば観念的でしばしば理不尽であるからこそ、それは豊かな人間性を映し出すのだ。嫌悪の完全に欠落した社会は人間性の欠落した社会にほかならない。

差別感情に対してあまりにも現実感覚を失った態度を取ると、ともすればわれわれは一般的に「人を嫌ってはならない」と思い込むことになる。だが、われわれ人間は、事実として、ある人をさまざまな理由で好きになるように、ある人をさまざまな理由で嫌いになる。その場合、必ずしも合理的理由が存するわけではない。誰でも、ある人をしばしば理不尽きわまりない理由で嫌うのだ。同じ大学の試験に自分が落ちたのに受かったから、あまりにも品行方正だから、あるいはただなんとなく嫌うのであって、狡いからとか、自分勝手だからとか、冷たいからとか……必ずしも道徳的あるいは社会慣習的に劣っているから、嫌うわけではない。

こうした不合理な動機に基づいた嫌悪感が他人を不幸にもし、他人に危害も加え、場合によって絶望の淵に追いやることは事実である。しかし、無理にでも視角を変えて、これらを一般的に禁止する社会を考えてもらいたい。それは、徹底的に感情統制の敷かれた恐るべき全体主義社会である。あるいは、想像力を逞《たくま》しくして、各人が誰をも嫌いではない社会を考えてもらいたい。それこそ、面白みのまったくない、人間性の片鱗《へんりん》もない、生きていくのが退屈でたまらない無味乾燥な社会であろう。

では、どうすればいいのか？　答えは直ちに与えられるものではない。不快の考察において提示したように、個人レベルでの嫌悪の感情をなるべく制御することなく、ただ個人を特定の社会的劣位集団に帰属するものとしてレッテル化し、他の属性を剝ぎ取って攻撃し排斥するという典型的な差別感情としての嫌悪だけに限って否定し禁止すべきである、と抽象的に言うことはできる。だが、多様でさまざまに揺らぐ嫌悪という感情のうちから、後者のみを純粋結晶のように取り出すことができるのだろうか？　嫌悪の場合は不快よりさらに当事者の能動的・意図的態度という色彩が強くなるから、純粋な感情を取り出すという要求はますます充たされないように思われる。

人に嫌われたくないという感情

だが、ここで視点を百八十度変えてみると、一つのヒントらしきものが見えてくる。それは、差別論ではほとんど扱われないが、そしてとくに若い人にはなかなか難題だと思うが、自分が「人に嫌われる」場合、その事実を正確にしっかり捉え、それに冷静沈着に対処するということである。

誰でも、嫌悪は相手を攻撃する感情であること、その露骨な発露は社会的に禁じられていること、しかもその理由はいかにも不合理である、このすべてをよく知っていながら、ある人やある集団を嫌うことをやめることはできない。その場合、いかにきれいごとを並べても無駄であろう。だが、注目すべきことに、自分の中の嫌悪感を抑えることができないと知っておきながら、ほとんどの人は他人から嫌われることをはなはだ厭《いや》がるのである。

差別感情の強い人とは、一般的に人を嫌うことの強い人というより、社会的感情に、そって人を嫌うことの強い人と言うべきであろう。また、観念的に人を嫌うことの強い人でもあり、自分のある人に対する嫌悪感について自己批判精神をもたない人でもあろう。

差別問題が空転するのは、からだで考えることを拒否し想像力の欠如した輩が繁茂

しているからである。彼らは、いかに頭で差別問題を「知って」いても、自分は安全地帯にいると思い込み、自分は永久に被差別者になることはないと高を括っている。

だが、こういう人々だけが差別問題の行く手を遮《さえぎ》っているのではない。はるかに多くの、（いわゆる）善良な弱者もまた、弱者独特のきわめて卑劣な仕方で差別問題を濁らせている。彼らは、傷つきやすく弱い自分にすべてを合わせてくれるように要求する。自分は他人をなるべく嫌わないように努力している。だが、それはひとえに自分が他人から嫌われたくないからだ。自分が人から嫌われると、もう生きる気力もなくなるほど落ち込む。だから、彼らはとにかく人に嫌われたくないという強い願望を抱いており、必死になって自分は嫌われていないと思い込もうとする。その限り、ここには自己欺瞞が渦巻くことになる。

他人に嫌われたくないという願望が極端に強い人は、反省すべきであろう。それは何の美徳でもなく、ただ人間として幼いのであり、むしろ社会に果てしなく害毒を流す。人間とは理不尽に他人を嫌うものであり、それを呑《の》み込まねば生きていけない。しかも、人間はきれいごとを言ってそれをごまかすのだ。こうした事態を過度に嘆き、誰もが誰をも嫌わない社会などという夢想状態を描くことは非現実的であり、むしろ有害である。われわれは他人から（理不尽に）嫌われることに対する抵抗力を身

につけねばならず、そうした抵抗力のある者だけが、現実的に差別感情に立ち向かうことができるのである。

中学生くらいになれば、こういう人間の残酷さを教え、そのうえで差別問題を教材にすべきであろう。「優しさ」や「思いやり」のみ強調する差別論は空想的であり欺瞞的である。人間の偉大さは、悪に塗《まみ》れていても善を希求するところにあり、他人を騙し、傷つけ、利用し、破滅させても、「優しさ」や「思いやり」から決定的に逃れられないところにある。こういう人間のダイナミズムを教えるべきであるように思う。

3　軽蔑

軽蔑という信念

「軽蔑」は嫌悪よりさらに価値意識の高いものである。嫌悪の場合は、まだ対等の感情であるが、軽蔑において視線は上から下へ向かう。まさに、見下す態度である。また、嫌悪と違って、軽蔑とは他人を切り捨てる態度でもある。軽蔑しているものに対しては、もはやすべては解決済みなのであり、議論の余地はないのであり、いかなる

証拠を突きつけられても逆転は不可能なのである。これは、信念であり、相手の劣等を信じようとする態度である。

『情念論』における軽蔑に関するデカルトの次の定義は、一見込み入っているが妥当なものである。

私が「軽蔑」とよぶものは、精神が一つの自由原因について、それがその本性上、善または悪をなしうるが、しかし、それはわれわれよりもきわめて劣っていて、われわれに対しては善も悪もなしえない、と判断し、その自由原因を軽視しようとする傾向をもつときの、その傾向のことである。(『方法序説・情念論』野田又夫訳、中央公論社)

「自由原因」を「他人における意志」と言い換え、さらに文章を簡明化すれば、軽蔑とは、「他人における意志がわれわれよりもきわめて劣っていて、われわれに対しては善も悪もなしえないと判断して、その意志を軽視しようとすること」となる。差別感情に適用してみよう。

ナチスは、ユダヤ人の「世界支配」の陰謀を誇大に宣伝した。ドイツ人は放ってお

くとその計略の犠牲者になってしまうのだ。こうした宣伝のもとに、ドイツ人（のほとんど）の心にある伝来の反ユダヤ主義的憎悪が煽《あお》り立てられ、「水晶の夜」と呼ばれる事件が起こった。一九三八年十一月九日、パリでドイツ人書記官がユダヤ系少年に狙撃されたというニュースが流れるや否《いな》や、ドイツ全土で群集がユダヤ人商店に殺到し、ショーウィンドーを粉々に割り、その破片がきらきら水晶のように輝いた。こうした暴挙が許されると信じていた群集はまさに「ユダヤ人における意志が自分たちよりもきわめて劣っていて、自分たちに対しては善も悪もなしえないと判断して、その意志を軽視」したのである。

デカルトの定義は、他人における劣った意志に対する軽蔑に力点が置かれているが、それは、道徳的に劣った意志に対する軽蔑と言い換えてもよい。まさにナチスが大衆の心を操作しえたのは、ユダヤ人における道徳的に劣った意志を誇大宣伝することによってであった。それは、同時に（次節で扱うが）ユダヤ人に対する「恐怖」と結びついている。軽蔑の背後には恐怖がある。物質的に強力な、しかし道徳的には劣悪な民族が自分たちのすぐ傍にいて、虎視眈々《こしたんたん》と世界支配の機会を窺《うかが》っている。いまのうちに何とかしなければ、全ドイツがユダヤ人の陰謀に呑み込まれてしまうであろう。しかし、彼らがいかに物質面で強力であろうと、道徳的に劣悪なのであるか

ら「自分たちに対しては善も悪もなしえないと判断して、その意志を軽視」していいのだ。

ここに重要なことは、（とくに強烈な）差別感情における軽蔑は恐怖に裏打ちされているのだが、相手（集団）を軽蔑するさまざまな理由の中核には「道徳的軽蔑」が位置するということである（これは後に「リスペクタビリティ」の問題として論じる）。

人種の優劣

ユダヤ人差別のみならず、広く人種差別はこうした形をとることが普通である。次の事実は現代の視点から見れば、驚くべきものであろう。

高い評価を得た『ブリタニカ百科事典』のアメリカ版の初版でさえも「ニグロ」という項目で、黒人を「この不幸な人種」と言い、彼らの行動を「怠惰、不実、復讐、残虐、厚顔、盗癖、虚言、淫乱、不潔、大酒」という性質で説明し、「こうした性質は自然法の諸原則を覆し、良心の呵責《かしやく》を沈黙させた。彼らは思いやりという感情には無縁であり、放置された人間の腐敗の恐るべき標本である」とした。（『国

家と人種偏見』P・G・ローレン、大蔵雄之助訳、TBSブリタニカ)

黒人の(白人から見れば)異様な外形やその非文化性に対する嫌悪や軽蔑が黒人に対する差別感情の中心を形成していると思われるが、権威ある事典に「表だっては」こう書かれていることに注意しなければならない。黒人はあらゆる観点から道徳的に劣悪であるから、「自分たちに対しては善も悪もなしえないと判断して、その意志を軽視」していいのである。これは、欧米列強のアジア・アフリカ支配の理由としても有効なものであり、遡ればキリスト教(とくにイエズス会)の血みどろの布教活動や、正義感あふれる十字軍遠征の理由でもある。

最も皮肉なことに、啓蒙主義の思想家が解放、平等、寛容、自然権、および人間の尊厳の尊重といった民主的な諸原理を促進し、少数の特権階級が人口の大多数を支配する天賦の権利を保有するという伝統的な仮説に挑戦していた時期に、こうした同じ思想家たちがこれらの諸原理の適用を自分たち白人だけに限定したのである。

(同訳書)

現代の観点から著者はこう書いているが、これは、「最も皮肉なこと」どころか、じつは「最もわかりやすいこと」である。ここで、あらためて問うてみよう。なぜ欧米列強は他民族支配の理由の中心に道徳的理由を据えたのであろうか？　鑑《かんが》みるに、それが自分たちの行為が「正当である」最も強力な根拠になりえるからである。いかに未開民族でも未開だからといって彼らを殺戮しその土地から追い払うことは直ちには正当化されない。罪責感は残るのである。しかし、文明の光（啓蒙）を授けてやるという名目なら罪責感は薄らぐ。まして文明の光によって道徳的劣悪な民族を道徳的に高めるという理由なら、正当性は確保されるのだ。だから、「解放、平等、寛容、自然権、および人間の尊厳の尊重といった民主的な諸原理を促進」する啓蒙主義と過酷なアジア・アフリカ支配とは両立するのである。

ここで、少なからぬ人（とくに差別撤廃論者）が混乱している事柄を指摘しておく必要がある。黒人は白人より、女性は男性より平均して知能指数が低いという結果が出たとしても、直ちには「黒人や女性を差別すべきだ」という結論を導くことはできない。前者は事実判断であり、後者は価値判断なのであるから。黒人は白人より、女性は男性より平均して知能指数が低いという事実を認めたとしても、この事実にまったく依存せずに「黒人や女性を差別すべきではない」と主張することもできる。

これは表面的な検査結果であり、黒人や女性に対する偏見の産物である……とムキになって反論する者は、かえって「知能の低い者は差別されて当然だ」という論理を前提している。そう反論する熱意のうちに、暗黙の差別意識が隠されている。

まだアメリカで堂々と人種差別があったころ（一九六〇年代）、こういう日本女性の体験談を聞いたことがある。彼女いわく、「私はアメリカで全然差別を受けませんでした。白人の男性はみんな『クミコ、きみの肌はぼくより白いじゃないか』と言ってくれたんですもの」。女性は男性より平均的に学力が低いという統計結果に目くじらを立てるウーマンリブの闘士は、この女性と同じ錯誤を犯しているのではないであろうか？

こうした錯誤の危険を自覚しつつも、「黒人は白人より、女性は男性より平均して知能指数が低い」という事実が「知能の低い者を差別すべきだ」という風潮を呼び起こしやすいがゆえに警告を発するというのならわかる。しかし、——私の知る限り——こういう冷静な判断を示す人種差別廃止論者やウーマンリブ推進者はいない。まさに「繊細な精神」が要求されるところであろう。

権威主義的性格

人種差別に限らず、差別意識の濃厚な人と希薄な人とがいることはすでに考察した。ここでもう一度確認しておくと、それは与えられた状況に鈍感な人ではなくて、むしろきわめて敏感な人である。その中で、「正常だと思われたい欲望」を強くもち、自分の周囲に異常な人を嗅ぎつけ、括り出し、告発する人である。

「軽蔑」という視点からこれを言い換えると、差別意識の強い人は、一般的に人をランキングすることに情熱を燃やす人であろう。より社会的に優位の人を尊敬し、より下位の人を軽蔑する姿勢の強い人であろう。人をさまざまな視点から見ることができず、おうおうにして時代の風潮にぴったり一致した硬直した価値観から判断する人であろう。上には媚《こ》びへつらい、下の者を足蹴《あしげ》にする人であろう。

E・フロムは、ヒトラーはじめナチズムの指導者およびそれに靡《なび》いた人々を「権威主義的性格」と特徴づけている。それは、サディズムとマゾヒズムが独特の形で融合したものである。

注意すべきもっとも重要な特徴は、力にたいする態度である。権威主義的性格にとっては、すべての存在は二つにわかれる。力をもつものと、もたないものと。（中略）力は、その力が守ろうとする価値のゆえにではなく、それが力であるという理

由によって、かれを夢中にする。（『自由からの逃走』日高六郎訳、東京創元新社）

〔権威主義的性格には――中島〕サディズム的側面とともにマゾヒズム的側面が存在する。無力な存在を支配する力をえたいという欲望とならんで、圧倒的に強い力に服従し、自己を絶滅したいという欲望が存在する。（同訳書）

もちろん、これもまた「理念型」であるが、ナチズムの権力把握の歴史とそれを歓呼する大衆の行動を辿ってみると、フロムの分析は間違ってはいない。権威主義的性格の人は、ヒエラルヒーを好み、上へ向かって自らの属する社会における権威に盲従することに抵抗を感じないように、下へ向かって社会的弱者を差別することに抵抗を感じない人である。

ただし、フロムはナチズムに対する怒りから、ドイツ人には権威主義的性格の人が多いという結論を導きたいようだが、それは彼の被害者意識が多分に混入したものであろう。権威的性格が濃厚な人はいつの時代のどの地域にもいる。そして、彼らは例外なく差別感情の強い人間である。

マイナスの権威主義？

だが、これとベクトルを反対にしながら、差別意識の強い一群の人々がいる。差別問題に熱心に取り組んでいるうちに、その悲惨な被差別者の現状を見聞するにつれて、「どうにかしなければ」という思いがからだを貫き、加害者と被害者とを二分し、きわめて単純な二項対立をもち込んで、それを築き上げていく。彼らも「逆差別」という名の差別意識の強い人々である。復讐心の強い人と呼び換えてもよく、論理的にも実践的にもきわめて攻撃的になる。

フロムの言う権威主義的性格の人と「繊細な精神」が欠けている点では同類である。

歴史を見渡せば直ちにわかるが、常軌を逸した集団的他人攻撃が放出されるのは、「悪」を覆そうとの企図のもとでの「正しい者」の復讐である。西洋史に限っても、魔女裁判しかり、フランス革命直後の恐怖政治しかり、共産主義政権（とくにその成立時）しかり、そして、ヒトラーのナチズムしかりである。ヒトラーはドイツ人はユダヤ人による「被害者」であると一貫して喧伝《けんでん》した。あのユダヤ人大量殺戮はナチスにとっては「ユダヤ人の企みからの中央ヨーロッパの解放戦争」なのである。

魔女裁判で賛美歌を歌いながら「魔女」に薪《たきぎ》を投じた人々、ヒトラー政権下で歓喜に酔いしれてユダヤ人絶滅演説を聞いた人々、彼らは極悪人ではなかった。むしろ驚くほど普通の人であった。つまり、「自己批判精神」と「繊細な精神」を徹底的に欠

いた「善良な市民」であった。H・アーレントがアイヒマンの裁判を目撃して彼を平凡でまじめな男だと許していることは有名だが（『イェルサレムのアイヒマン』みすず書房）、R・ヘスの手記を翻訳した片岡啓治も次のように言っている。

だが、ヘスの恐ろしさ、そしてナチスの全行為の恐ろしさは、まさに、それが平凡な人間の行為だった、という点にこそある。どこにでもいる一人の平凡な人間、律義で、誠実で、それなりに善良で、生きることにも生真面目な、そういう一人の平凡人が、こうした大量虐殺をもあえてなしうるということは、誰でもが、あなたであり、私であり、彼であるような、そういう人物が、それをなしうるということにほかならないからだ。（『アウシュヴィッツ収容所』講談社学術文庫）

障害者を無視する政治家の発言を聞いたとたんに憤慨し、社会的弱者をわずかにでも軽蔑するようなそぶりを見せたらくってかかり、痴漢行為には激しく抗議する……全身を社会のトーンと完全に同じ色に染め上げているこういう「硬い」差別反対運動者もまた、あまりにも時代の潮流に沿った「善良な市民」であり、その限り同じ危険を内包しているのではあるまいか？

ホッブズとカント

先に、われわれは「けっして不快や嫌悪を根絶することを目指すべきでない」ことを述べた。同じように、われわれは軽蔑をも慎重に「保全」しなければならない。では、そうであるとしても、少なくとも他人を軽蔑するそぶりは社会から抹殺すべきなのか？　ホッブズは次のように言う。

何人も、行為、ことば、表情、あるいは身ぶりによって、他人にたいする憎悪あるいは軽蔑を表わしてはならない。（『リヴァイアサン』永井道雄・宗片邦義訳、中央公論社）

これは、彼によると「自然法」なのである。しかし、立ち止まって考えなければならない。われわれは子供のころから、フェアでない人、卑怯《ひきょう》な人、狡賢い人、二枚舌を使う人、怠惰な人……そして、まさに差別をする人を軽蔑するように習ったのではないか？　人を軽蔑せず事柄だけを軽蔑するという区別を厳守すべきなのか？　ホッブズ自身、みずから語るように、生涯において軽蔑を表すことが一度もなかっ

たとは信じがたいことである。イエスの語るように、「右の頰を打たれたら左の頰を差し出しなさい」という思想、いかに侮蔑《ぶべつ》的なことをされても、その人に反撃してはならないのは言うまでもなく、心のうちで軽蔑してもならない、という思想もありえよう。しかし、現実のキリスト教はこれと正反対の思想を追求し続けてきたのであり、ありとあらゆる復讐に勇み励み、ありとあらゆる形での軽蔑にも余念がなかった。

これは矛盾なのであろうか？　そうではない。じつはホッブズの「自然法」には語られていない前提がある。それは、「行いの正しい者を軽蔑してはならない」ということである。むしろ「行いの正しくない者は軽蔑すべきである」とさえ言えよう。敬虔《けいけん》なキリスト教徒であればあるほど、聖書の教えに背く者に対して軽蔑（あるいは憐れみ？）の感情が高まることを抑えることはできないであろう。

カントは次のように言う。

（前略）私が自分自身について意識しているよりはるかに誠実な性格を有していると認める一人の身分の低い社会的にはごく平凡な男がいるとしよう。すると、たとえ私が欲すると否とにかかわらず、また私が自分の身分の優越を彼に見誤らせない

ように、さらに頭を高く上げるとしても、私の精神は彼の前に屈する。（『実践理性批判』）

これを裏返せば、王侯貴族であろうと、誠実さのかけらもない男をカントは軽蔑するであろう。尊敬と軽蔑の文法が保たれているのは、善・悪が何であるかが、ほぼ決まっている場合である。善・悪の規準が揺らいでくるとき、「いかなる場合も他人を軽蔑してはならない」という原則も揺らいでくる。しかし、――はなはだ興味あることに――善・悪の揺らいでいるように見える現代日本においても、「軽蔑」という言葉が発せられるのは、やはり（道徳的に）悪い心情や悪い行為に対してなのである。

軽蔑とその表出

現代日本において、（特権的）被差別者への軽蔑の表出は厳しく統制されている。ある人を、身体障害者や被差別部落出身者や在日韓国朝鮮人やホームレスやゲイやシングルマザーであるゆえに（少なくとも公共の席で）軽蔑すると語ってはならないのだ。そう語ったら、いやそうほのめかしただけでも、あなたは厳しい社会的制裁を受けるであろう。よって、わが国民はすべてこうした人々に対する軽蔑の感情など微塵

ももっていないかのように振舞う。

もちろん、その中にはこうした（特権的）被差別者に対していかなる軽蔑の感情も抱いていない人もいよう。しかし、もしそれが全員なら「心における差別」はとっくの昔に解消されていたはずである。多くの被差別者は言葉とは裏腹な自分に向けられた冷たい態度を知っている。（後に見るが）自分の存在がまるごと世界から切り取られる「まなざしの差別」を知っている。

（特権的）被差別者に対する軽蔑の言葉が聞かれないのは、真実「軽蔑すべきではない」と確信している場合もあるであろうが、社会的制裁を恐れている場合も否定できないであろう。

現代日本では、差別感情を「抱くこと」が禁じられているわけではないが、その表出が厳しく禁じられている。しかも差別感情を抱いていると推察させる振舞いをしたとたんに、じつはそんなつもりではないと弁解しても、聞き入れられることはない。そこで、人々は差別感情を抱いていると推察させるあらゆる表出を避けるようになるのだ。こうした魔女裁判的状況に恐れおののくとき、われわれはみずからの誠実性を固く保てなくなる。

では、自分の心に誓って真実思っていることなら、何でも語ればいいのか？　被差

別者を心から軽蔑している人は、そう語ることが奨励されているのか？　ここで安直な解答を出すことは控えよう。差別論にとって最も難しい問いであり、不思議なことに、差別に取り組む誰もが真剣に考えていない問いである。本書を書いた動機はまさにここにある（第三章でこの問題を論じることにする）。

社会的上位者に対する軽蔑

軽蔑は社会的上位者にも下位者にも向かう。高学歴の者が低学歴の者を軽蔑し、美人が不美人を軽蔑し、もてる男がもてない男を軽蔑し、社会的成功者が敗残者を軽蔑し、金持ちが貧乏人を軽蔑し、家柄のいい者が悪い者を軽蔑し……という具合に、通俗的社会的価値における上位者から下位者への軽蔑が最も単純なものである。

しかし、現代日本では、上位者から下位者への軽蔑が厳しく統制されているからこそ、社会的価値において下位者から上位者への軽蔑のみが表面に出てきている。

そして、気がつくことは、下位者から上位者への軽蔑は必ず道徳的衣を被っていることである。一般に「東大卒のあなたを軽蔑します」とか「英語が自由自在にしゃべれるあなたを軽蔑します」とは言えない。こうした社会的価値において上位の相手を軽蔑するには、必ずそれを道徳的に軽蔑するという含みをもたせた語り口に変える必

質のないあなたを軽蔑します」というふうに。

要がある。先に見た柳田邦男発言のように、「東大を出ているのにまったく倫理観の欠如したあなたを軽蔑します」とか、「英語をぺらぺらしゃべるだけで話す内容に実質のないあなたを軽蔑します」というふうに。

　こう分析してみてさらに気づくことは、現代日本においては社会的価値において上位者から下位者への軽蔑は、ほとんど語られることがないということである。「家柄の悪いあなたを軽蔑します」とか「三流大学しか出ていないあなたを軽蔑します」という台詞《せりふ》を聞くことはない。表明される軽蔑はもっぱら社会的価値において下から上への軽蔑である。先ほど「道徳的衣」と言ったが「人間的衣」と言い換えてもいい。表明される軽蔑は社会的価値とは独立に、相手を人間として軽蔑するのである。

　なぜ現代日本において、上位者から下位者への軽蔑は表明されないのか？　その理由は、誰でもそうした軽蔑は表明されると周囲に不安を呼び起こすほど禁止されていることを知っているからである。ある人が単純に「醜いあなたを軽蔑します」とか「中学しか出ていないあなたを軽蔑します」と表明したら、一瞬の衝撃の後、猥褻語《わいせつ》を耳にしたときのような不穏な気分に充たされるであろう。日常的にこういう表明がほとんどありえないために、「なんでこんなことを語るのだろう？」という違和感にさえ襲われる。

こうしたことを反省すると、現代日本社会において露骨な社会的価値観に基づく「軽蔑」という言葉の使用は、肉体的衝撃や違和感を呼び起こすほど、すなわちかなりの深層に及ぶまで禁止されていることがわかる。

現代日本では、「軽蔑」という言葉は道徳的・人間的観点からのみ語り出すように要求されている。しかし、社会的価値において上位者から下位者への軽蔑は（表明されないが）ずっしりと存在する。それを表明することは厳しく禁じられているが、まごうかたなく人々はそう心の中で思うのである。ここに、最も不誠実な態度が形成される。

リスペクタビリティ

奥村隆は、ブルデューのリスペクタビリティ論やホックシールドの表層＝深層演技論などを踏まえながら、とくにその病理現象を分析している。われわれは、リスペクタブル（きちんとしている、礼儀にかなっている）であることを自他に期待する。格式あるレストランでの食事のマナーなどを考えればよい。

社会には三つの位置が存在する。「リスペクタビリティ」を知っているし、身につ

けている位置。「リスペクタビリティ」を身につけていないし、知りもしない位置。そして、「リスペクタビリティ」を知っているが、身につけていない位置。

（『他者といる技法』日本評論社）

奥村はこのうち第三の位置に注目する。この位置は社会の中間階級をなし、奥村によると「いまある私」と「あるべき私」が異なるという経験をすることになる。そのことから、次の三つの経験群が生まれる。（一）他者の視線への敏感さが生まれる。（二）努力を怠らない。（三）この努力は決して達成されない。

中間階級は常に上層階級を目指しながら、そのマナーを自然にこなすことができないことに劣等感を抱き、それを目指すことのない下層階級には優越感を抱いている。現代日本では、心理的にはほとんどの人がこの意味での中間階級に属すると言っていいであろう。

こうした中間階級の不安定さ、生きにくさは、「病」に近づいていく。奥村は、ミュシャンブレッドの文章を引いて、次のようにまとめている。

第一。「リスペクタブル」であろうとする人々は、自己のなかの「リスペクタブル

でないもの」(「私」)のなかの「他者」)を管理しようとするのと同様に、他者のなかにある「リスペクタブルでないもの」に対して不安や不快を感じ、それを消去しようとする。……つまり、すべての他者を「リスペクタブル」にする欲望を、「リスペクタブルな人々」は持つ、ということである。

第二。しかし、これと重なるようで逆方向をとるベクトルが存在する。……つまり、彼らは、すでにそこにいる「リスペクタブルでない他者」を非難するだけでなく、それまでそう名づけもしなかった人々のなかにことさら「リスペクタブルでない」ものを発見し、「リスペクタブルでない他者」をわざわざ作りだそうとするのだ。(同書)

ここに至ってよくわかるように、――「いじめ」の構造を見たときと同様――比較的均質な人の群れからなる現代日本において、リスペクタブルであろうとする人々は、意図的にリスペクタブルでない他者を創り出して、その人との比較によって、自分の不安定なリスペクタビリティを確固たるものにしようとするのだ。

投影

差別感情としての軽蔑はリスペクタブルであろうとする人々が懸命に自分の体内で育て上げるものであるが、このことは心理学者の言うところの「投影」と呼応して差別を助長する。投影とは、まず自分のうちに潜む悪を他人Fに投影し、次に「Fが悪い」と判断することによって、自らは罪責感から逃れようとする運動である。

典型的には、男は自分のうちにうごめく女に対する性欲を女の中に投影して、女が男を誘惑するという話を作り出し、そういう女は「ケガレている」とみなすことによって、女に対する自分の性欲に対する罪責感から逃れようとする。ユダヤ人を迫害したい者は、ユダヤ人の中に自分の憎悪を投影して、ユダヤ人はわれわれをこれほど憎悪しているのだから、これほど危険だから、これほど悪人だからという形にすべてを転換して、罪もない者を迫害する罪責感から逃れようとする。黒人を奴隷としてアフリカから連れてきた白人は、自分の罪責感を消去するために、黒人がいかに粗暴で淫乱で知能が低いかを力説する。

あらかじめいとまなく投影が実行されて、差別する者の罪責感を消し去り、こうして差別は良心の咎《とが》めを受けることなく堂々と実行され過酷を極めることになるのだ。再び確認すれば、極悪非道な者ではなく、ありとあらゆる道徳観を蹴飛《けと》ばすデカダ

ンでもなく、むしろ罪責感の強い小心翼々とした善良な市民こそ、差別感情としての軽蔑にしがみつくのだ。彼らは「よい」人のたしなみをすべて具《そな》えているから、その帰属社会では彼らの差別感情は補色のごとく見えなくなっている。彼らは、まるで悪いことをしているという自覚がない。こうして、社会的落伍《らくご》者でも社会的不適格者でもなく、（この本を読んでいるあなたのような）「善良な市民」こそが差別感情の生産源であること、だからこそ解決は難しいこと、このことをしっかり心に刻み込まなければならない。

4　恐　怖

被差別者の成立

「恐怖」は、いままでの不快・嫌悪・軽蔑とは根本的に異なっている。それは、（欧米型）近代社会において発達してきた人間の平等や基本的人権という思想とは相容《あいい》れず、これらよりさらに深いところでわれわれ人間を支配してきたし、じつのところ現代においてもその支配力は消えていない。差別撤廃論者が――先に見た柳田邦男や米谷ふみ子のように――浅薄な憤りで終わってしまうのは、差別を近代思想の枠内で片

づけようとするからであり、その限り「日本は単一民族国家である」とか「アメリカ人は日本人より平均的に知的水準は低い」という政治家の発言は常識を逸した凄まじいまでの問題発言になってしまう。しかし、――残念なことに――こうした現代の価値尺度をそのまま差別に関するあらゆる現象に当てはめて、憤慨しても激昂しても、表向きはともかく、「差別したい」というわれわれ人間の根深い欲望を明らかにはしない。

あらゆる差別感情の根っこには恐怖がある。それがどんなに凶暴な差別であろうとも、差別を行使している人は恐怖におののいているのだ。よって、他の何が排除されても人々の心から恐怖を消滅させない限り、差別感情に切り込むことはできない。そのために、本節では、ごく簡単に西欧と日本における差別と恐怖との関係を概観してみよう。

阿部謹也は、ブルクハルトの研究などを踏まえ、ドイツ中世史を中心に賤民の成立をたどる仕事を重ねてきた（『中世賤民の宇宙』筑摩書房）。それによると、西洋史の上では、都市の発達と貨幣経済の進展に伴い、かつての古代的原理である「地水火風」は放逐され、その原理に携わっていた者、例えば地に携わるごみ掃除人、水に携わる水車小屋の番人、火に携わる煙突掃除夫、風に携わる風車小屋の番人などを被差

別者として排除していった。近代合理的価値観の導入によって、こういう自然を操作できる者は超能力をもつ者として恐れられていったのである。

この延長上に排泄物《はいせつぶつ》に携わる糞尿処理人も金に携わる高利貸も位置する。糞尿は肥やしとして作物を生育させ、金は増殖し、その点で神秘的であったから、それに携わる人々は被差別者に転落していったのである。動物を飼育する羊飼いもまた、動物と交流できる超能力者として恐れられ被差別者となっていく。産婆や娼婦や首切り人や墓掘人など、生（性）や死という不可解な恐ろしいものを職業にする者がそれ自身恐れられていったのも同様である。

このことが原型としてあり、都市や貨幣経済の発達により、犯罪者や放浪者など、近代的な原理から見た不適格者もまた被差別者として排除されていく。じつに、近代的原理から見たこうした二種類の不適格者が次第に見分けのつかないものとなって近代以降の社会で被差別者として生きていくことを余儀なくされたのである。

ここに、「善良な者＝市民」は市壁のうちに住まい、その外にかつてジプシーと呼ばれた人々やユダヤ人や芸人や犯罪者などのならず者を放逐する、というはっきりした二重構図が成立する。同時に、市民たちは放逐した者の仕返しを恐れている。グリム童話の「狼＝放逐された者」は長い狼伝説と結びついて、市内に住む「羊や山羊＝

善良な市民」を襲う恐ろしい者という意味を刻み込まれる。子供たちを不思議な音色の笛で街から誘い出してしまう超能力をもった「ハーメルンの笛吹き男」の伝説も、笛吹き男＝被差別者が同じ笛でネズミを退治した報酬を与えなかった市民への復讐という話として解釈できる（『ハーメルンの笛吹き男』阿部謹也、平凡社）。

魔女狩り

ヨーロッパ史を通じて差別と恐怖が最も見やすい形で結びついているのは、魔女狩りであろう。森島恒雄は、当時魔女狩りがいかに正しいとみなされていたか、いかに強力な魔女に対する憎悪や恐れによって成立していたかを強調している。

魔女を憎んだのは教会ではなく一般民衆であり世俗の裁判官であったのであって、教会側はむしろ魔女をかばう側にまわったくらいであったことは前に述べた通りである。（『魔女狩り』岩波新書）

式が終わって刑場にひかれて行く魔女に石を投げつけたり、刑架に縛りつけられた魔女の顔に、燃えている薪を投げつけたりするほどの大衆の憎悪は、ここでかき立

てられるのである。（同書）

中世のヨーロッパで、ペストが猛威を振るい、戦争で男たちは次々に死に、飢饉が起こり……というたえまない禍を「引き受ける」者が必要であった。それが魔女である。これには古くからの男たちの女に対する恐れが素地を作っている。男たちは女の生殖能力に対する深い恐怖、母子関係の疑いのなさに恐怖を抱き、だからこそ必死な思いで「男系」というフィクションにしがみついた。さらに、女たちの男へ向けられる欲望を、崇高な目的に向かう男を引きずり下ろす企みとして恐れた。

聖職者の唱える次の言葉は、魔女に対する（女に対する）恐怖をよく表している。

神の息子たちよ。心をひき締めよ。キリストの兵士たちよ。十字架の敵、カトリック信仰の真理と純潔を腐敗させる者どもに向って、われとともに立ちあがれ。身をかくして暗がりを歩く彼らを追跡し、見つけ次第に捕えることを神の名において君らに命ずる。彼らを捕えてつき出す者には神の永遠の賞を与え、応分の物質的な報酬を支払うことをここに約束する。牧羊者よ、君たちの小羊を狼どもが奪い去らないように警戒せよ。忠実な熱狂者たちよ。信仰の敵どもが逃げ去ることのないよう

に、勇敢に戦え。(同書)

これから五百年後にヒトラーはユダヤ人に対する恐怖をベースにして壮大なマニピュレーション(操作)を実行した。彼の異常さ、天才的手腕をいかに強調しようとも、それが「実行できてしまった」ことははるかに深い根をもっている。二十世紀に至ってもわれわれが、なおいかに容易に恐れに屈服してしまうかを物語っている。

オソレとケガレ

次に、わが国の差別の歴史を概観してみる。稲作、仏教、天皇制が浸透すると、村に定住し稲作に従事し仏教を信仰する「常民」(柳田國男の造語)の基準がはっきりすると同時に、それについていけない人間がその集団から排除されていった。これはケガレと結びつき、彼らは常民のなしえないケガレに繋がる仕事をなす者(動物を扱う猿回しや皮革業など)として社会的場を与えられていった。

わが国において、そうした集団が差別の対象となっていったと考えられるが、その中には身体障害者や「らい」と呼ばれた病者も含まれていたという。とはいえ、ケガレは必ずしも純粋な否定的概念ではなく、常民集団からは排斥されながら、同時に呪

術的力をもつ者とみなされていた。網野善彦によると、ケガレがもともと含意していたこうした二重性は、すでに十三世紀においてマイナスの意味に限定されていった。

どうしてこのような意識がでてきたかについてはいろいろな議論がありますが、私はこのころ〔十三世紀——中島〕ケガレに対する観念が変化してきたことに理由があると考えています。それ以前のようにケガレを恐れる、畏怖する意識がしだいに消えて、これを忌避する、汚穢として嫌悪するような意識が、しだいに強くなってきたことによるのだと思います。（『日本の歴史をよみなおす』筑摩書房）

ケガレはオソレに結びついている。オソレとは、「恐れ」と「畏れ」とが分かちがたく結びついた概念であって、ケガレを清める力をもった者もまた被差別者であった。被差別者は、人間以下の者（動物に近い者）として恐れられたと共に、人間以上の能力をもった者として畏れを抱かれてもいたのである。こうして、かつては、被差別者に対するオソレが「恐れ」と「畏れ」の二重構造をしていたがゆえに、つまり「恐れ」が「畏れ」に裏打ちされていたがゆえに、彼らにまだ社会的場所はあり、その意味で救いはあったのである。

斎藤洋一と大石慎三郎は、『身分差別社会の真実』(講談社現代新書)において、江戸時代における穢多・非人が置かれていた状況を描き出しているが、彼らを現代の感覚から悲惨であると決めつける危険性を警告している。

オソレは現代に生き続けている

反省してみると、じつは現代日本人もまだ恐れと畏れとの入り混じったオソレから完全には脱出していないことがわかる。海開きや山開き、あるいは地鎮祭は、単なる気休めなのだからやめればいいものを、絶対にやめない。海開きをしなかったがために、水難事故が多発すると気持ちが悪いからであり、地鎮祭をしなかったがためにその家に不幸が続くと後悔するからである。つまり、これらの行事は完全な因習なのではなく、気休めだとしてもなおその威力をわれわれに及ぼすことができるのである。

言霊《ことだま》思想がこれに緊密に結びついている。「死」と「四」とには単なる発音の同一性があるだけなのに、病院には四号室がなく病院のベッドには四番がない。結婚式で「切る」と語ってはならず、試験前に「落ちる」や「すべる」という言葉を使ってはならない。言葉に力があると思い込んでいる習慣からわれわれは抜け出していないのである。

なぜか？　合理的原理で動くように見える現代人も、禍の究極の原因はわからないからなのだ。でなければ、なぜ結婚式場は大安の日に予約が埋まるのであろう？　仏滅の日に閑古鳥が鳴くのであろう？　これほどの絵馬・達磨《だるま》・破魔矢が売れるのであろう？　縁起を担ぎ、占いがはやり、おみくじが廃《すた》れないのであろう？　もちろん、平安時代の貴族のように日常生活がそれでがんじがらめというわけではないが、やはりこのすべては恐れという感情と結びつけなければ説明がつかない。

こうしたオソレが日本人の心に生き続ける限り、不合理な差別感情もまた根絶されないのである。

ここでまた個人的信念を吐露すると、二十年前までは、私もごく普通に神社を訪れて破魔矢を買ったり、お寺の境内で達磨を買ったりしていた。葬式からの帰りには玄関先で自分のからだに塩を振りかけた。だが、その後ぷっつりそうしたことはしなくなった。結婚式にも葬式にも行かず、祝いの言葉も語らないようにした。単に不合理だからではなく、ここに一つの暴力があるなあと感じたからである。

同じ振舞いを読者諸賢に勧めるわけではない。だが、こうした「迷信」にあまりにも没入することは危険であると思う。占いや運勢に過度に左右される人は、差別感情の強い人になりやすい。オソレ（恐怖）のあまり、人間はどんな残酷なことでもする

ということは、中世の魔女狩りやナチスのユダヤ人迫害のみならず、常に肝に銘じておかねばならないのである。

しかし、現代における次の現象も忘れてはならない。オソレが恐れと畏れの二重の意味を保持しているあいだは、オソレられている者の居場所はある。だが、それが「畏れ」という意味を脱落させて「恐れ」に限定化されると、被差別者は単に恐ろしい人になってしまう。とりわけ、明治以降の近代社会において、オソレから「畏れ」の要因は希薄化したが、人々の差別意識は残存し、その結果、被差別者は単に恐れられる者に転落していった。同時に、差別それ自体が人間の平等に反する「悪い」こととみなされ制度的に差別は撤廃され禁止されると、それでも根強い差別意識は残っていたので、かつてはいたるところに見えた差別は見えなくなり隠されていく。被差別者はますます誰も見たことのない「恐ろしい」人となっていく。これが、差別にまつわる現代特有の残酷な事態である。

第二章　自分に対する肯定的感情

これまで、「不快」「嫌悪」「軽蔑」「恐怖」という他人に対する否定的感情を差別の動因として考察してきた。しかし、こればかりではなく、われわれの抱く自分自身に対する肯定的感情も、同じように、いやそれ以上に差別の動因を形成する。単純にある他人を不快に感じたり、嫌ったり、軽蔑したり、恐れるわけではない。じつに、その背景には自分自身を誇りに思いたい、優越感をもちたい、よい集団に属したい、つまり「よりよい者になりたい」という願望がぴったり貼りついているのだ。

差別問題の難しさは、じつにこの「悪いものがよいものに支えられている」というところにある。われわれ人間がよりよいものを目指すところにある。本書でとくに私の抉り出したいのはここである。差別をなくすには悪をなくせばよい、というわけではない。差別問題は、人間の心のうちに住まう「悪」をよく見据え、それを退治すれば解決できるようなものではないのだ。

われわれ人間が「よいこと」を目指す限り、差別はなくならないであろう。いや、「よいこと」を目指す人がすべて同時に差別を目指していることを自覚しないうちは、彼が自分は純粋に「よいこと」だけを目指し、他人を見下すことは微塵も考えていないという欺瞞を語る限り、なくならないであろう。

とはいえ、誤解されると困るが、私は本書において各人が自分に対する肯定的感情

を根絶させることを提案しているわけではない。それは不可能であり、たとえ努力の果てに実現したとしても、自己欺瞞の渦巻く状態を実現するだけである。そうではなく、それはいかに表面的には純粋で美しいものであっても、同時にそれがいかに汚いものであるかを自覚すること、そのうえで、「よいこと」を目指すこと、そういう「自己批判精神」と「繊細な精神」をもって生きることを提案したいのである。

1　誇り

優越感の普遍性

われわれは、何らかの点において他人より優れていると自覚するとき、快を覚える。この快を一般的に「優越感」と呼ぶことにしよう。だが、他人との比較において自分を優れていると思う情感を表す言葉は、その他にも「誇り」「高慢」「自負心」「矜持《きょうじ》」「虚栄心」など、さまざまである。

だが、このうち、高慢や虚栄心には、初めから価値否定的な感情という意味が込められているので、本章の目的である「自己自身に対する肯定的感情」に算入させることはできない。一般的に、高慢な人は、自分を高慢であると自覚しているわけではな

い。もしそうなら、むしろ彼はそれほど高慢な人ではないであろう。

虚栄心も同様である。「自己自身に対する肯定的感情」という限定つきの優越感は、たとえそれを他人が高慢や虚栄心と記述しようとも、当人は誇りであり自負心であり矜持であると思い込んでいる、そういう優越感なのである。だからこそ、彼はこうした美名のもとに他人を差別し、差別していても気づかず、差別感情は「検閲」されずに延々と猛威を振るう。

とくに現代日本社会においては、差別はこういう感情に支えられているように思われる。剝き出しの差別感情はことごとく刈り取られ、高慢や虚栄心というマイナスの価値をもった差別感情は、人間の体内で誇り・自負心・矜持といったプラスの価値をもったウイルスに変身して、しぶとく生き続ける。

自分では、ただ誇りや自負心や矜持をもっているだけであるという自覚のもとに、つまり他人を差別していないという自覚のもとに、執拗《しつよう》で過酷な差別が遂行されるのだ。広く優越感は、高慢や虚栄心という価値否定的な感情でなく、誇りや自負心や矜持という価値肯定的な感情であっても、他人との比較における感情である。自分より劣った（たとえ現実にいなくても、可能な）他人を見下し、そのことに快を見いだす感情である。

ある人が、いかなる点においても他人より優れた特質を自分のうちに見いだせないとき、彼はいかなる優越感ももちえないであろう。まったく才能が認められずに絶望のどん底に突き落とされている画家や詩人は、自分に人並み以上の才能を認めているがゆえに、誇りや自負心、あるいは矜持をもちうるのである。

以上を確認したうえで、次に最も差別感情から遠いとみなされている、よって最も陰険な形態で差別感情を含みもっている「誇り」に限定して考察することにしよう。

デカルトの「高邁」

デカルトに典型的であるように、古典的には、「誇り」は、「高慢」の対極に置かれ、高慢が「悪い」感情であるのに対して、純粋に「よい」感情とみなされている。しかし、少し探りを入れると、誇りが高慢とはまったく異なる感情であるのか、はなはだ疑問である。高慢に傾斜することがまったくない「純粋な誇り」というものがあるかどうか、検討してみよう。

デカルトは『情念論』において「高邁《こうまい》（générosité）」を「高慢（orgueil）」から画然と区別している。ここで使われている「高邁」という概念は、ほぼ「誇り」と解していいであろう。

それゆえ私の考えでは、人間をして正当に自己を重んじうる極点にまで自己を重んぜしめるところの真の「高邁」（けだかさ）とは、一方では、自己が真に所有するといえるものとしては、自分のもろもろの意志作用の自由な使用しかなく、自己がほめられとがめられるべき理由としては、意志をよく用いるか悪しく用いるかということしかない、と知ることであり、また他方、意志をよく用いようとする確固不変の決意を自己自身のうちに感ずること、すなわち、みずから最善と判断するすべてを企て実現しようとする意志を、どんな場合にも捨てまいとするところの、いいかえれば、完全に徳に従おうとするところの、確固不変の決意を自己自身のうちに感ずることである。（前掲訳書）

高慢はつねにきわめて悪い。もっとも、人がみずから重んずる理由が、より不当であれば、高慢もそれだけよけいに悪いということにはなるが。そして、すべてのうち最も不当な高慢は、なんの理由もないのに高慢であること、すなわち、自分が、当然重んぜられてしかるべきなんらかの美点が自分にはあると考えるのでなく、ただ美点などいうものをまったく無視することによって高慢であること、すなわち、

名誉は人から横領すべき何ものかであって、最も多くの名誉を自分にとりこむ者が事実それを最も多くもつのだ、と考えることである。（同訳書）

先にホッブズにおいて見たように、ここでも何が正当か何が不当かがほぼ決まっている（理性によって正確に把握できる）という前提のもとに高邁と高慢という対立は成立している。その対立は、煎じ詰めれば、われわれが「意志をよく用いており、その理由によって正当に自己を重んじている」場合が高邁であり、「意志を悪しく用いており、しかもその理由にもかかわらず不当に自己を重んじている」場合が高慢である。常に正しいことをするように心がけ、そうした理由によって自分を重んじている人が高邁な人である。そのような心がけなど微塵もないのに、不当に自分を重んじている人が高慢な人である。

他人に対する高邁な人の態度

他人に対する態度も、高邁な人と高慢な人とは対立的である。

そういう〔高邁な――中島〕人々は、だれをも軽視しない。そして、他の人がその

弱点を暴露するようなあやまちをおかすのをたびたび見ても、その人を責めるよりは、ゆるすほうに傾き、他人があやまちをおかすのは、善き意志の欠如によるよりはむしろ、認識の欠如によると考えることに傾く。また、そういう人々は、みずからよりも多くの財産や名誉をもつ人々に対し、さらには自分よりも多くの知力、知識、美しさをもつ人々、また一般に他のなんらかの完全性において自分よりすぐれている人々に対してさえも、自分がひどく劣っているとは考えないが、同時にまた、自分よりも劣っている人々に対して、みずからをひどく高く評価することもないのである。なぜならば、これらすべての事がらは、彼らにとっては、善き意志に比すれば、まことにとるにたらぬ事がらだと思われるからである。(同訳書)

(前略) 知力とか美とか富とか名誉など、〔善き意志以外の——中島〕他のすべての善は、それをもつ人の数が少なければ少ないほどよけいに重んぜられるのをつねとし、しかもそれらの善は大部分、多くの人に伝えうつすことのできぬような性質のものであるから、その結果、そういうものによって高慢に陥った者たちは、他のすべての人をさげすむことに熱心であり、かつみずからの情念のとりこになっていて、精神をたえず「憎み」や「羨み」や「執心」や「怒り」によってかきたてられ

ている。（同訳書）

社会的価値の高いものを自分より具えている人の前に出ても、高邁な人は卑屈にならないのに対して、高慢な人はその人を憎んだり妬んだりする。逆に、社会的価値の高いものを自分より具えていない人に対して、高邁な人は優越感を抱かないが、高慢な人はその人を蔑む。高邁な人が社会的価値に左右されないのは、それよりも大切な価値を知っているからであり、それは「正しいことをしている」という自覚である。繰り返すが、その信念が確固としたものである限りこの規準は有効であるが、これが揺らぎ出すとこの有効性も揺らぎ出す。

ニーチェの「高貴さ」

デカルトが分析する「高邁」と「高慢」という対立的感情は、ニーチェの「高貴」と「卑俗」という対立にほぼ呼応する。高貴な人とは、初めから自分が力や知や美などの「よいもの」を具えているという自覚に基づいて誇りをもつ。そして、周囲の劣った人々とのあいだに「距離のパトス」を維持して、彼らとの同一視を拒む。その誇りは、劣った人々との比較から生ずるのではなく、絶対的なものであり、よって劣っ

た人々に同情することも哀れむこともない。彼らは自分とは異なった人種なのだ。

これに対して、卑俗な人は、常に劣った者との比較によって自らの優位を自覚する。よって、彼はたえず比較にこだわり、その測定値にこだわり、より低い値をもつものを軽蔑し、より高い値をもつ者にへつらい、嫉妬《しっと》し、憎む。たえず測定値の変化に神経を尖《とが》らせ、自分の「位置」の確認に余念がない。こうして、高貴な人が常にゆったりと自己肯定しているのに対して、卑俗な人は常に落ち着きなくうろうろ眼をさまよわせ、自分より劣った人を見いだそうと全身で努力する。

こう記述すれば、卑俗な人からありとあらゆる差別感情が産出されることは明らかであろう。このことを否定するつもりはない。差別のほとんどがまさにこの意味での「卑劣さ」から生み落とされる。ここで強調したいのは、デカルトの意味での高邁な人も、ニーチェの意味での高貴な人も、差別感情から無縁ではないということである。彼の自分自身に対する肯定的感情を「誇り」と総称すれば、「誇り」は特有の形で差別をうちに含みこんでいる。高邁な者、高貴な者の優越感としての誇りは潔く美しく超然としているからこそ、それらに眼がくらんで、それが含みもつはなはだしい暴力性が見えなくなってしまうのだ。

高邁と高慢との対立は（マックス・ウェーバーの言葉を使えば）「理念型

(Idealtypus)」としては理解できる。しかし、現実の人間を見るに、何かの点で誇りをもつ人は、必ず他人との比較において、他人より優れているという感情に基づいていると言っていい。

人は本人の努力によって勝ち得たもののみに誇りを覚えるのではない。家柄を誇り、肉体の美を誇り、知能の高さを誇る。

名誉心と虚栄心

「誇り」に近い感情として「名誉心」がある。両者をほぼ同じ意味で使うこともあるが、名誉心のほうがより社会的賞賛を求める態度であり、その分、他人に依存する度合いが高い。名誉心が自らの固有の規準を捨てて完全に他人の規準に隷属するとき、それは衰弱した・虚しい・卑劣な名誉心として「虚栄心」と呼ばれる。M・シェーラーは「名誉（Würde)」と「虚栄心（Eitelkeit)」について次のように語っている。

> 厳密に個人的な名誉というものは存在しない。名誉はつねに一定の社会的カテゴリーの見本としての意味をわれわれに対してもつ。
>
> 名誉を感じること——それは周囲の世界の評価の眼によって自分自身を見ることで

ある。しかし自分の自覚した価値カテゴリーにしたがって見ることである。さもなければそれは「虚栄心」にほかならない。(「羞恥と羞恥心」『シェーラー著作集15』浜田義文訳、白水社)

名誉心が「自分の自覚した価値カテゴリーにしたがって見ること」をやめるとき、すなわち完全に他人の価値カテゴリーに従って見るとき、それは虚栄心に変質する。とはいえ、両者の境界は揺れ動いている。名誉心の強い人は、それがいつしか虚栄心のほうへ傾くことに気づき、はっとして足をひきずって名誉心へ戻る、しかしふたたび虚栄心はうなり声を上げて名誉心を呑み込む……という果てしない運動のうちにもだえ苦しむ。石川啄木はそんな男であったろう。『一握の砂』より、いくつか拾ってみる。

へつらひを聞けば
腹立つわがこころ
あまりに我を知るがかなしき

非凡なる人のごとくにふるまへる
後のさびしさは
何にかたぐへむ

この運動は、しらずしらず他人を見る眼にも及んでいく。

人並の才に過ぎざる
わが友の
深き不平もあはれなるかな

誰が見てもとりどころなき男来て
威張りて帰りぬ
かなしくもあるか

人間としての誇り

しかし、視点を転じてみるに、われわれはいささかも優越感の混じらない誇りを唯

一つの場合に限って認めたくなる。それは、まさに人間としての極限的痛みに呻《うめ》いている人の口から吐き出された「誇り」という言葉である。アウシュヴィッツで絶望的な思いで日々を過ごす人々は、人間としての誇りを失いかけている。誇りは、そういう極限状況においては、きわめてはっきりとした像を結ぶ。

九年前の夏、アウシュヴィッツ（そのビルケナウという地区）に行ったとき、私は厩舎《きゅうしゃ》を改造したある収容所の中で文字通りの嘔吐《おうと》感を覚えた。その細長い建物の周囲には何段にもなった「寝台」があって、その中央に穴の開いたコンクリートの長い「トイレ」がある。その一メートルほどの高さの剝き出しのトイレで衆人環視のもと――もっとももはや誰も見ようとはしないが――人々は用を足すのだ。「仕事」から帰ってくると、もはやこらえられない人の長い列ができ、用を足している者を蹴落として穴にしゃがむのだという。その臭気は凄まじかったであろうし、その光景は悲惨であったであろう。それが、毎日続くのだ。こういう場合、「人間としての誇り」という言葉がふっと口をついてくる。そして、その意味はきわめて明瞭《めいりょう》なのだ。そこには、優越感や高慢の片鱗もないのだ。

カントは自他のうちにある「人間性（Menschheit）」を尊敬せよと言う。それは、まさに人間の動物的側面を含めた理性的存在者としての人間をそのまま尊敬せよとい

うことである。理性的存在者である側面の人間を尊敬せよという意味ではなく、理性的存在者でありかつ動物であるような、きわめて居心地の悪い人間存在を尊敬せよということである。だから、ビルケナウで私がショックを受けたように、排泄とか性交といった動物性が前面に出てくる場合にこそ、「人間としての誇り」に対する配慮が必要なのだ。誇りは、こういう場合のみ純粋である。すなわち、あらゆる優越感や高慢とは遠く離れた純粋な肯定的感情として認められる。

この場合のみ「誇り」はそのうちにいかなる優越感も混じっていないという意味で、いかなる優越感をも抱く余裕がないという意味で、「純粋」である。問題は、こういう場合でないのに、誇りが完全なプラスの価値として語られる場合である。それは「誇り」という言葉を使いながら、じつのところ他人との比較による優越感にほかならない。たとえ日本人が西洋人から軽蔑されたときに、「日本人としての誇り」という言葉がふっと口をついてくるにせよ、それは、われわれは西洋人と互角なのだという意識に支えられており、さらには、他のアジア・アフリカ人とは違うのだという意識さえうごめいている。関西人は東京に出てきても関西弁を使い続ける。それは彼が誇りをもっているためだ、とはよく言われることである。この背景には、他の地域（とくに東北）の人は東京に出てくると方言を隠すという現象との対比で言われてい

るのであるから、さらに、江戸に対するかつての文化的優位を意識してそう語っているのであるから、明らかな優越感である。武士としての誇り、旗本としての誇り、江戸っ子としての誇りなど、誇りという言葉が使われる場合を反省してみると、すべてが（少なくとも潜在的な）下位の他者に対する優越感に基づいていることがわかる。

マイナスを誇る

こうして、アウシュヴィッツのような極限状況を除き、何事かを誇りに思う人は高慢や優越感に浸りながらそれを押し隠しているか、それと無縁であると思い込む欺瞞に陥っているかのどちらかである。

現代日本社会に眼を移すと、われわれは社会的なプラスの価値に基づいて誇ることはほとんどなくなっていることに気づく。有名大学卒であることを誇るとか、大会社の重役であることを誇るとか、旧華族の家柄であることを誇る、……という言い方は皆無ではないが、いずれも厳しい世間の検閲にかかると、高慢、尊大という非難を回避するのは難しい。

面白いことに、社会的プラスの価値に基づいた誇りは相当注意しなければ、この国では容認されえない。しかし、この現象と呼応するかのように、現代日本では社会的

なマイナスの価値を誇る言葉が津々浦々にまで響き渡っている。「私は、義務教育しか終えていない、でもまじめで実直な職人としての父親を誇りに思います」とか「俺は、美人ではなく教養もないけれど、女手一つで俺を育ててくれた母親を誇りに思う」という宣言は、なんと時代の風にうまく乗っていることであろうか。人の耳に心地よく響き、誰からも非難どころか幾重《いくえ》もの優しいまなざしに包まれて、なんと安泰であることだろうか。だから、人々はこういう文脈で誇りを語り続けるのである。

向田邦子は、外では上役に平身低頭しながら家庭では威張《いば》りくさり、しかしその家族愛が伝わってくる父親を誇りに思っている。一見、駄目男に見えながらも、不器用な形で家族に愛情を注ぎ続ける父親をもっていることに誇りを覚えているのである。藤沢周平もまた、下級武士や町人など名もない実直な人々を描き続ける。彼らは、みずからの生き方の「美しさ」を誇りに思っている。

私はどうもこういう「マイナスの誇り」が好きになれない。その背後に、現代の世に受け入れられることを正確に計算している功利的精神を見通してしまうからだ。その同じ人が、学歴や家柄などに基づく社会的にプラスの誇り、陽の当たる場所にいる人の誇りに対しては容赦なく冷たい視線を注ぐ。

たとえマイナスの誇りでも、じつのところ強烈な優越感を伴っている。幾分不器用で、実直で、「美しい」人生を歩んでいない人は、たとえいかに社会的に成功しても、何を外形的に獲得しても、人間として劣っている、という確固たる価値観に基づく通奏低音がそこに響いているのだから。

2 自尊心

誰も高慢ではない

賞賛すべきものとしての「誇り」が（理念型として）存在するように、非難すべきものとしての「高慢」も（理念型として）存在する。高慢はちょうど誇りに備わるプラスの価値をすべてマイナスにした鏡像のような位置にあると言えよう。だが、現代日本に照準を合わせて差別問題を扱う限り、差別感情に高慢が（少なくとも顕在的に）登場してくることは稀《まれ》である。高慢とは、他人に対する優越感をそのまま剝き出しにして他人に対するさいに、その当人に帰属するとみなされる感情である。

その場合、二つの点に注意すべきである。第一に、優越感の中心となる原因（理由）は、地位や名声、財産や家柄、あるいは業績といったような社会的優位であるこ

と。この周辺に、（とくに若いころは）「もてる」とか「かわいい」あるいは「頭がいい」とか「スポーツが万能である」といった肉体的・知的優位も位置する。しかし、重要なのは、こうした肉体的・知的優位が、オリンピック代表に選ばれたとか、Ｊリーグの花形選手であるとか、一流モデルとして脚光を浴びているとか、ベストセラー小説を連発しているとか、日展の特選に選ばれたとか……何らかの社会的評価（お墨つき）によって地位を獲得したうえで、自分の能力に対して優越感を覚えると、高慢は純粋形態に近づいていくということである。

なぜか？　ここで第二の注意点に移る。サルトルの分析したように、あらゆる感情は意識そのもののうちに見いだされるものではなく、当人がその時々の意識の流れを超えて意味づけるもの（超越的意味構成物）なのであるが、高慢は当人が実際にどう感じているかよりも、他人がどう感じるかに依存するところの濃厚な感情である。すなわち、当人がいくら「俺は高慢ではない」と否定しても、他人が「いや、高慢だ」と判断することを許す感情だということである。高慢は、心の状態よりむしろその表出が重要視される感情だと言っていいであろう。なぜなら、「高慢という名の優越感」は周囲の者の劣等感を掻きむしり、嫉妬心を煽《あお》り立てるような優越感だからである。社会的価値を体現している当人がどう語ろうと、それを体現していない周囲の者

（とりわけ同じ価値を求めている者）が彼の言動に劣等感や嫉妬を覚える限り、彼は高慢なのである。

社会的成功者は、このことを肌に沁《し》み込むようによく承知しているから、社会的優位を保つために、ほとんど本能的に高慢に見える言動を抑えるようになる。とりわけわが国は高慢を嫌う文化風土であるから、いったん登り詰めた者は転倒しないように細心の注意を払わねばならない。腰の低い、高ぶったところのない、無骨な、どこまでも庶民感覚の英雄を好むという大衆の趣味に合わせねばならないのである。こうして、知的偉業における最高峰とされているからこそ、ノーベル賞受賞者のうちでは、こうした条件をすべて充たしている田中耕一氏や益川敏英氏が人気者になるのだ。

こうして、現代日本では剝き出しの高慢は表舞台から姿を消し、社会的に優位に立つほとんどすべての人が、優越感をもちながらも高慢ではないそぶりをしている。ここに、優越感はきわめて見えにくい形で、表向きの言動の陰に隠れた形で生き続ける。社会的成功者や才能にあふれた者は、「自分が優れているなどとは微塵も思っていない」と語りながら優越感を抱き続けるのである。

知的能力とその格差

優越感にはさまざまな種類があるが、現代社会では学力を中核とする知的優越感は特別の意味をもっている。小学校の高学年から学力格差は顕在化し、中学校、高等学校とこの格差はますます拡大し、大学入試をもって「決着」がつく。それぞれ自分の学力にふさわしい大学に振り分けられ、ここに学力に応じた身分格差社会の原型は完成される。

もちろん、学力以外に子供たちは肉体的美醜やスポーツ能力や芸術能力など、さまざまな格差と闘わねばならない。しかし、これらの中で学力は普遍的な意味をもっている。小学校や中学校の通知表で成績が「オール1」や「オール2」の子供は、他の何が優れていようとも、後に仕事においていかに成功しようとも、現代社会において尊敬されることはないであろう。例えば、英語ができることは、他の言語ができることとは意味が違う。それは、学力そのものの指標とすらみなされているのだ。三人称単数現在形の動詞に「s」をつけることの意味、現在進行形の意味がわからない人は、どの世界においても軽蔑的視線をもって迎えられるであろう。

そして、これは偶然的ではない。現在のような情報社会においては、あらゆる国のあらゆるエリート層に、数理的ならびに語学的なかなりの学力が求められているからである。しかし、学力は体力と同様、はなはだ個人差がある。しかも、各個人の生来

の能力と努力の結果との境界はつけにくい。そこで、多くの学力の低い子供たちは「努力が足りなかった」と思い込んで諦めさせられる。しかし、そうしながら誰でもじつは能力が足りなかったことを知っているのである。

近代社会においては、出自、身分、性別、人種などによる差別をしてはならないことが高らかに宣言されている。しかし、知的能力に基づいた差別だけは大手を振ってまかり通っている。大学も企業も知識や判断力などを基礎とする知的能力の優れた者を欲している。ピアニストになるのも、サッカー選手になるのも、すさまじい競争を勝ち抜かねばならないが、ピアノが弾けなくとも、サッカーができなくとも、軽蔑されることはない。だが、学力を中核とする知的能力の欠如者は、ともすれば「人間として劣っている」とみなされてしまうのだ。この格差は誰も問題にしない。なぜなら、いかなる解決もないからである。知的障害者なら立派な（？）弱者、被差別候補者として現代社会では丁重に保護される。しかし、単なる低学力者はいかなる保護もされない。この理不尽を前にして仕方ないと諦めるほかないのである。

哲学者は――社会学者や教育学者あるいは精神病理学者とは異なって――、こうした「解決できない問題」に視線を注がなければならない。その巨大な理不尽を押しやって、障害者差別とか女性差別とか人種差別という定型的な差別問題だけを取り扱っ

えない。ている限り、それにいかに情熱を燃やそうとも、繊細な精神をもっているとは到底言

うちに籠められた優越感

ある日のNHK教育テレビの番組は不快なものであった。将来に悩む互いに見知らぬ若者が二人で数日間にわたって意見交換をするというドキュメンタリー番組であるが、その日の主役は、自分の将来が見えない東大生A君と高校卒業後職人の道を歩み出したB君であった。A君がB君を訪ねていくところから場面は展開する。

A君はしきりにB君に、「将来がしっかり決まっているきみがうらやましい」と言う。B君はA君に言葉を尽くして「自分はそんなに偉くはない、しかし満足している」と答える。後にB君の両親も出演して、B君を誇りに思っていると語る。そういう彼らに、自分は駄目だと言い続けるA君に向かって、母親が何気なく「でも、東大に受かったんだから偉いよね」と口に出したとたん、A君は「いえ、そんなことありません」と抗議し、「B君のほうがよっぽど偉い」と強調する。こうして、最後まで、A君は偉くなくB君は偉いのであって、B君がA君を「慰《なぐさ》める」のであった。

画面からA君の「うちに籠《こ》められた優越感」が伝わってきて、きわめて厭な感じで

あった。B君は本当にいまの自分に満足しているらしいが、それでもA君に「東大に入ったんだから、いいじゃないか」と言いたげな、それでいてそれを言ってしまうと自分の信念が揺らいでしまいそうになるという居心地の悪さを感じた。

こうした構図は世間でしょっちゅう見いだせる。社会的優者は、相手を配慮して相手を賞賛し自分を卑下する。社会的劣者は、そういう相手の（狡い）気持ちを察知して、しかも相手の「うちに籠められた優越感」に打ち負かされたくないので、相手を賞賛することを控え、自分を卑下することを控える。

こうして、そこには不透明で濁りきった空気が漂う。

先に軽蔑について分析したときに明らかになったように、現代日本社会においては「表明されない軽蔑」が各人の心の内部でくすぶり続けている。いまの事例の場合、A君はB君を軽蔑しているのではないであろう。本心から尊敬しているのかもしれない。しかし、A君は自分が東大生であるという事実、それが同年代の青年のうちでの紛れもない成功者であることを知っている。

彼は、自覚的には、そのことに対してほとんど優越感を覚えていないかもしれない。しかし――ここが問題なのだ――彼は自分が社会的優位にあることに負い目を覚えているわけではない。自分の社会的優位をそのままにして、下位の者を偏見なく温

かく見ているだけであり、これは無限に簡単なことであり、そのことにより「謙虚」という賞賛を浴び、そのことに彼が悩まないとすれば、無限に狭いことである。

別れたあと、B君やB君の両親のうちに何やら居心地の悪さ、言語化できない不快感が残ったのではないだろうか？　とりわけB君は——事実いかに感じたかは推測するしかないが、そして本人にさえわからないかもしれないが——一瞬「自分はこれでいいのだろうか？」という疑問にとらわれ、そしてその疑問を吹っ切って仕事に取り掛かったように思われる。

社会的劣位に立つ者の自尊心

英語に翻訳すれば、「誇り」も「高慢」も「自尊心」も「自負心」もみな“pride”一言に収まるが、日本語の語感はかなり違う。大まかに言って、自尊心は誇りと高慢との中間に位置するニュートラルな意味を保っていると言えよう。「彼の自尊心をわかってやれよ」という言葉には賛同的響きがあるが、「彼の高慢をわかってやれよ」とは言わない。

ここで現実のB君に代わって同じような状況にある仮定的なC君に登場願うが、C君は自尊心が傷つかないように懸命の努力をしている。自分が選んだ道だから、自分

が好きな道だから、という理由は、C君にその自信があるうちは誰も反対できないほどの力をもっている。だが、ちょっとでもC君の自信が揺らぎ出すと、他人はずけずけ介入してくる。場合によっては、C君の世間知らずな判断を批判し、非難すらし、ここぞとばかり世間的価値・常識・現実性をもち出し、そのすべてをもってC君に襲い掛かる。「眼を覚ませ」と促し、世間の厳しさをその全身に塗りつけようと企む。

こういう状況に追い込まれると、人は、自尊心の呻き声を上げるのだ。いまさら、自分の「浅はかな」考えを後悔する気にはなれない。世間の薄汚い常識をかつぎ出して説教する奴に尻尾を振りたくはない。しかし、画家を志望しながら、小説家を志しながら、志を達成できなかった者は「身のほど知らずの夢を見ていた」という反省、いや懺悔《ざんげ》をしなければ、「まともな世界」に戻ることを許されないのだ。

なぜなら、「まともな世界」に属する少なからぬ者が、みずからの才能を存分に開花させて自由自在に生きる者を引き摺《ず》り下ろしたいからである。俺たちが毎日こんなに苦労して無味乾燥な仕事をしているのに、好きなことをしてやすやすと金を稼ごうと企む者を許してはおけない。こうして、厖大な数の画家志望、小説家志望の青年が、芽が出ないまま数年、十数年を経た後、自己反省して「まともな世界」に戻っていく。

哲学の世界も同様である。有名大学の大学院を修了し、数編の論文や著書まであっても、大学の職にありつけない、とはいえいまさら「転向」もできない厖大な数の知識人がいる。

先に検討した「人間としての誇り」に比べて、それほどの極限状態に陥っているわけではないが、高学歴を有し小説家や評論家や大学教授などの知的職業を目指しながら、志を遂げられない人々の群れが最も自尊心を抱きやすい。彼らはかつて学校秀才であり、仲間たちのうちで明らかな優位に立っていたが、いまやその多くの者にも後《おく》れを取り社会的には劣位に立つことを余儀なくされている。この逆転に対する苛立《いらだ》ちが、彼らの自尊心をさらに燃え立たせるのである。

以上の分析からもわかるとおり、従来の価値が動揺しあるいは転倒しているときに、従来の価値観において優位に立つ者が新しい価値に順応できない場合、自尊心は呻き声を上げる。明治維新によって、少なからぬ上級武士は台頭する下級武士や商人たちに自尊心を傷つけられたことであろう。日本を神国と信じて疑っていなかった幕末や維新の政治家たちは欧米から突きつけられた不平等条約によって自尊心を打ち砕かれたことであろう。

アーロン収容所

会田雄次は、ビルマでイギリス軍の捕虜になったときの屈辱的体験をリアルに報告している。典型的には次のような箇所である。

その日、私は部屋に入り掃除をしようとしておどろいた。一人の女が全裸で鏡の前に立って髪をすいていたからである。ドアの音にうしろをふりむいたが、日本兵であることを知るとそのまま何事もなかったようにまた髪をくしけずりはじめた。部屋には二、三の女がいて、寝台に横になりながら『ライフ』か何かを読んでいる。なんの変化もおこらない。私はそのまま部屋を掃除し、床をふいた。裸の女は髪をすき終ると下着をつけ、そのまま寝台に横になってタバコを吸いはじめた。
入って来たのがもし白人だったら、女たちはかなきり声をあげ大変な騒ぎになったことと思われる。しかし日本人だったので、彼女らはまったくその存在を無視していたのである。(『アーロン収容所』中公新書)

そして、彼はイギリス人の強さを、彼らと張り合う虚しさを実感するのだ。

はじめてイギリス兵に接したころ、私たちはなんという尊大傲慢な人種だろうかとおどろいた。なぜこのようにむりに威張らねばならないのかと思ったのだが、それは間違いであった。かれらはむりに威張っているのではない。東洋人に対するかれらの絶対的な優越感は、まったく自然なもので、努力しているのではない。女兵士が私たちをつかうとき、足やあごで指図するのも、タバコをあたえるのに床に投げるのも、まったく自然な、ほんとうに空気を吸うようななだらかなやり方なのである。（同書）

その後、本書は英語に翻訳されたが、会田はその翻訳者のL・アレンと書簡形式で「対話」している（『新版　イギリス人の日本観』池田雅之編著、成文堂）。アレンの言うように、――会田には酷であるが――彼がいかにイギリス人によって自尊心が傷つけられていると訴えようとも、そこには帝国陸軍としての自尊心、他のアジア人より優れているという自尊心、（疑いながらも）イギリス人より劣等ではないという自尊心が渦巻き悲鳴を上げている。もちろん、日本軍に捕虜になったイギリス人も「劣等民族から虐待された」という自尊心の叫びがある。イギリス人がそう思っている限り、イギリス人の「屈辱」はわれわれ日本人の心に届かないのであり、同じように、

会田がいかにイギリス人の傲慢を訴えるとしても、その自尊心はアジアの盟主としての自尊心に基づいている限り、切り返されてしまうのである。

自尊心をめぐる戦いは際限がない。そして、われわれはこうした戦いを見物するのが好きである。誰でも、人生において自尊心を粉々に砕かれる思いをする。その場合、自分のうちに巣くっている傲慢さを直視することが必要である。

矜持

だが、自尊心が優越感に基づいているとしても、真に才能がありながら自分の不運、不成功、劣等感に屈しないという姿勢があり、男として（?）正当に評価されたいという純粋な響きがあり、卑屈にならずに努力を続けようという決意を感じさせる場合、一般的に大いなる共感を呼ぶ。そういう場合の自尊心は「矜持《きょうじ》」と呼ばれる。

中原中也はその典型例であろう。彼の矜持には、不思議なほどの清潔さ、けなげさがある。彼の矜持があまりにも純粋な形で露出している詩（中也は「自恃《じじ》」（自らを恃《たの》むこと）という言葉を使っているが「矜持」とほぼ同意味である）を挙げてみる。

これがどうならうと、あれがどうならうと、

そんなことはどうでもいいのだ。
これがどういふことであらうと、それがどういふことであらうと、
そんなことはなほさらどうだつていいのだ。

人には自恃があればよい！
その余はすべてなるまゝだ……

自恃だ、自恃だ、自恃だ、自恃だ、
ただそれだけが人の行ひを罪としない。

（「少年時」より）

私は矜持を手放しで賞賛したいわけではない。むしろ注意すべきことは、矜持は一般にある種の感動を呼ぶからこそ、そのうちに潜む優越感を見逃してはならないと。高慢と異なり、矜持は好印象に彩られているので、だからこそきわめて見えにくい仕方で差別感情が絡みついている。「さわやかな自負心」こそ、「厭味《いやみ》のない自信」こそ、「まったく高慢を感じさせない優越感」こそ、最も危険である。

しかし、このすべてを認めても、中也の矜持に感動してしまうのはなぜなのだろうか？

これこそが、彼の言葉の力なのだ。いかなる差別的発言でも、人は感動することがある。そこに輝きを見ることがある。そして、いかなる「正しい」発言でも人は退屈することがある。そこに薄汚い魂胆が透けて見えることがある。こうした感受性を保ち続けることが大切なのであり、割り切ることなく「なぜ？」と問い続ける繊細さが必要なのだ。

3　帰属意識

帰属意識とアイデンティティ

国や民族や故郷や家族や出身校をごく自然に愛するところに差別感情の萌芽はある。いや、その最も深い根っこがあるのだ。このことも、「繊細な精神」をもって考え抜かねばならない。心から愛する自分の帰属する共同体をもっている人は幸せである。しかし、それはそのまま他の者を何らかの形で排除する。

帰属意識を愛することに由来する差別感情は、ある意味で自然であり、それは、ア

リストテレスの言うように、人間が社会的動物であることから自然に導かれる。社会的動物とは、ひとりで生きてはいけず、必ず何らかのコミュニティー（共同体）に属さねばならない。その場合、必ず複数のコミュニティーのあいだにはランクづけがある。

われわれは、ある共同体に所属していることによって、身の安全を得るのであり、心の落ち着きを得る。ある男（T）のアイデンティティの中心を構成する要素は、T個人の特性ではなく、Tがどの集団に属しているかということなのだ。もちろん、それには役割（role）がまといついている。Tは日本人としての、A企業社員としての、W大学出身としての、S県出身としての、Hの夫としての、MとNの父としての……役割の束であり、その複雑な束一つにしている者である。

この束から独立にTのアイデンティティがあるわけでもなく、この束を掻き分けるとその中心に固い芯としてTのアイデンティティがあるわけでもない。まさにこの束そのものがTのアイデンティティにほかならない。安定した役割を担い帰属集団に対する安定した帰属意識を有している者、それがアイデンティティを確立した者である。

そうであるからこそ、アイデンティティを確立した者の多くは、自分の属している

集団を「愛して」いるであろう。それが侮辱を受けると怒り、それが侵害されると防衛するであろう。そのこと自体非難すべきことではない。しかし、自分の属している集団を過度に愛すると、——それがいかに悪意のないものであろうと——差別感情を育てる温床になるのだ。

現代日本では、愛国心に関しては、ずいぶん批判的で警戒した発言も耳にする。過度に国を愛する発言を多くの国民が自然に自粛していることは、なかなか健全で聡明な光景だと思う。それは、戦前の異様なほどの愛国心教育に対する痛み（トラウマ）であろうが、アメリカや中国などの「大国主義」に対しても、冷淡に醒《さ》めた眼で見ている現代日本人は聡明で知的であると思う。

同じように、欧米からエコノミックアニマルと軽蔑されたひところの時代への反省もあって、会社のために身を捧げるという態度に対しても批判的な視線が向けられる。これもまた、健全な態度である。

だが、郷土愛はどうであろうか？　私は九州の門司《もじ》（現在の北九州市門司区）で生まれたが、幼時を過ごしただけの故郷にはまったく思い出はなく、少年時代を通じて多摩川をはさんで東京南部と川崎で育ったが、そこには何の愛着も覚えない。私は、個人的には郷土愛のまったくない人間なのである。しかし、このことは現代日本では

なかなか通じない。私が九州で生まれたと聞くや否や、あっという間に私に「九州男児」というレッテルを貼ってしまう人、「同郷のよしみで……」と急になれなれしく擦り寄ってくる人に耐えられない。だから、そう名乗った瞬間に「でも、九州は生まれただけであって何の愛着も感じないのです」と語るのだが、みな変な顔をする。

故郷に何の愛着も感じない者がいてはいけないのだろうか？　私は別に故郷を憎んでいるわけではない。ただ、私には何の意味もないだけなのだ。だが、こうしたことがあってはならないとすら感じている鈍感な（おうおうにして）善人が少なくない。彼らは眼を輝かせて「薩摩はすばらしい」とか「土佐は最高だ」と自分の郷土を誇るのであり、自分がそこで生まれたという「主観的理由」を簡単に消去して「客観的に」すばらしいと言い張るのである。

一見これほど狭量でない人もいる。それは、自分の郷土に対する無批判的賛美に対する抑制とともに、「人にはそれぞれ大切な郷土がある」と各自の郷土を「相対的に」見ることができる人である。だが、こういう人に限って、生まれた土地に何の愛着もない人を断じて「許しては」くれない。自分にとっては単なる平凡な山川でも、彼にとって郷土の山川は特別であろうと眼を細めて傍らの友を眺める、という態度から脱することはないのである。

家族至上主義

現代日本において露骨な愛を注いでも許される唯一の組織がある。それは、家族である。自分は国家や会社に身を捧げ、国家こそ会社こそ自分の生きがいであると語ることに一抹の気後れがあるのに対して、家族に関してだけは、家族を心から愛しているとか、家族こそ生きがいであるとか、家族の幸せを心底願っている……という露骨な愛情表現が大手を振って歩いている。誰も眉をひそめず、問題にもしない。ただただ、ごく自然な同意と弛緩《しかん》した（定型的な）賛意が振りまかれるだけである。
庄司洋子は「不平等・不公平の源泉としての家族」という観点を鋭く打ち出している。

現代家族の特性として一般にもっとも強調されているのは、家族成員のなかに生じる人格的な関係、あるいは、情緒的な関係である。多くの家族意識調査のなかで、「愛情」「いこい」などと表現されているのがそれである。そこには、家族関係を、個人が食べて生きていくために不可欠な社会関係としてではなく、より文化的で人間らしい欲求を充足するためのものとみたがる現代人の願望が反映されてい

る。（中略）そこに、家族は「よきもの」という絶対化が生じるのである。（「非婚をめぐる差別」栗原彬編『講座　差別の社会学2　日本社会の差別構造』所収、弘文堂）

あらゆる愛の表明の中で、家族愛の表明だけが特権的に安全なのだ。いかなる咎《とが》めも受けず、いかなる批判も浴びない。これは、家族に恵まれない人、家族のいない人、いやそれよりさらに、家族を愛せない人、家族を憎んでいる人、恨んでいる人、縁を切りたい人にとっては、きわめて残酷な事態ではなかろうか。

実際のところ、必ずしも彼らが不幸であるわけではない。だが、現代日本を支配する家族絶対主義の強力な磁場の中で、彼らは世にも不幸な人々とみなされてしまう。障害者に対しては「不幸でしょう？」という言葉をぐいと呑み込む人でも、家族もいなく天涯孤独な老人に向かっては躊躇《ちゅうちょ》することなく「お寂しいでしょう？」という言葉をかけて、何ともないのである。

現代日本では、家族は絶対的に「よきもの」とみなされているがゆえに、家族と縁を切った人、家族に恵まれない人、家族関係がギクシャクしている人は「かわいそうな人」なのだ。家族至上主義を崇《あが》め奉《たてまつ》っている多数派は、家族を愛することは「自

然だ」とみなしているからこそ、それを欲しない者を頭から非難し排除する。彼らは、家族の愛に包まれることは、すべての幸福のうち最大の幸福と信じきっているから、この幸福をすべての人に要求するという凄まじい暴力を――あくまでも穏やかな形で――じわじわと実行するのである。

彼らは、「娘が嫁に行きましてねえ」としみじみ語る父親には、「娘を嫁にやりたくない気持ちはわかりますよ」と声をかける。さらに、「娘に孫が生まれましてねえ」と報告すると、瞬時に「眼に入れても痛くないでしょう」と答える。そして、こういう会話を投げ合いつつ、自分たちは正統派であると確認し合い、その幸せを分かち合って、いささかも反省することがないのである。

これは、「娘の結婚相手が被差別部落出身者でなくてほっとしました」とか「孫に手足があってよかった、よかった」という会話と基本的には同じなのに、現代日本において家族愛は幾重にも保護されているからこそ、そのうちに安住している者は自己批判精神を完全に喪失しているのである。

感受性の鈍い人のためにもう少し続けよう。「妻が亡くなりまして」と語ると、多くの人が真剣な顔つきで哀悼の意を表する。そう語る当人も、そのことを幾分期待している。冷淡な反応を示す人を無礼だとさえ思ってしまう。このとき、わずか一瞬で

もいいから、自分の傲慢さを自覚する必要があるように思う。

なぜなら、これが法律的に保護されていない性的パートナーの場合は、様相ががらりと一変することを彼は知っているからである。普通、男は明るい席で「不倫相手が亡くなりまして」とも「不倫相手に産ませた息子が亡くなりまして」とも語らない。そう語ったとしても、みな顔を見合わせるだけで言葉がないからである。

同じことは、子供の誕生の場面でも言える。正当な結婚をして子供を授かったときのみ、夫婦はおおっぴらにその喜びを公開し、周囲の人に祝福を要求する。だが、望まない子供の誕生も多々ある。男から棄てられたあげくの自殺寸前の出産も、強姦《ごうかん》されたあげくの子供の誕生もある。結婚して子供が生まれたとき、みなの祝福を期待し「大きな顔をして」報告するとき、あなたはすでに（潜在的）加害者なのである。

こうして、家族愛の正統性は堅固に保護されているがゆえに、その絆を強調することが、とりもなおさず非正統的関係を排除する構造になっている。女性の場合に多いように思うが、子供をもたない者は子供をもつ女との会話を幾分いとわしく思う。なぜなら、女にとって、子供を産み育てたことがあるかないかは大きな差異をなし、自分は断じて子供をもちたくないとしても、「女は子供を産むほうが自然だ」という社会の磁場が示す針の方向を変えることはできないからである。

私自身、結婚し子供をもって、正統派に属することはきわめて居心地がいいとともに、人間を限りなく鈍感にすることを痛感した。「妻の誕生日でして」と語っても「これから息子をプールに連れて行くんです」と言っても、一挙に温かいまなざしが注がれる。それ以上、何の複雑な説明も要らない。私はただ平凡な家庭人として優しく見守られるだけである。

こうして、家族に「いこい」を求めえた人は、不断に甘やかされ、そのことによって頭脳が単純化し、麻痺《まひ》し、知らないうちに多くの非婚の人や家族関係に苦しんでいる人を傷つけることになる。しかも、このことにわずかの罪責感ももたないほど鈍感である。

上位集団と下位集団

人が自分の属する集団を愛し、かつその集団が社会的上位集団であるとき、差別感情を撒《ま》き散らすことになる。よく見られる光景であるが、社会的上位集団の成員が、その集団に属さない者の面前で自分の集団への帰属意識を露《あら》わにすることがある。その場合、彼にいかに悪意がないとしても、その集団に属さない人を確実に傷つけ、不幸にし、嫌悪感を呼び起こす。

ある男が出身校の慶応大学を愛しているとしよう。それは、慶応のＯＢだけが集まっている席ではさしたる禍をもたらさない。だが、そこにさまざまな三流大学の出身者がいるとき、彼の発言は彼らを切りつける刃に変わる。それでも、彼がひとりであれば害悪は少ない。最も差別構造の「完成された」形態は、ほとんどが慶応大学出身者であって、わずかに三流大学出身者が混じっている席である。そして、慶応ボーイたちが臆面もなく、大学の思い出話に花を咲かせるときである。

問題は、彼らにほとんど罪の意識のないことである。「ぼくは慶応を出たことなんか、何とも思っていない」とさえ言うであろう。みな口裏を合わせたように、いかに慶応が（優れているかではなく）ひどい大学であったか、自分はその中でもいかにひどい学生であったかを語り続けるであろう。三田の校舎は狭くて汚くて、あれが大学か？　慶応ボーイなんて神話で、ブサメンばかりじゃないか。俺はボート部の主将だったが、授業にはほとんど出ずオール可で卒業した……えんえん悪質な「誇り」が続く。

彼らは慶応卒なのだから社会的に評価されてしまっている。あえてそう問い詰めれば、意外な顔をして、自分は母校を愛しているだけだと言うであろう。だが、その「愛」は三流大学卒の前では自然に「誇り」という意味をまとってしまうこと、それ

を知りながら知らぬふりをする彼らは狡いことこの上ない。その狡さを見抜きながら（そうは言えず）、一緒に笑い転げる三流大学の秀才たちは、全身に傷を負うのである。

現代日本では、差別はこういう「平和な」形で現れ、猛威を振るう。ユダヤ人差別や障害者差別に関しては怒りを表明しながら、こういう状況に鈍感な輩があまたいる。

同一の集団に属する他人に対する誇り

わが国においては、マイナスの誇り以外は誇りが優越感とみなされる危険をみんな察知しているがゆえに、「自分を」誇りに思うという発言はほとんど聞かれない。そうではなくて、父を誇りに思うとか、夫を誇りに思うとか、同一の集団に属する他人を誇るのだ。

この場合、自らを誇る場合とは違って、差別感情は希薄化され、いや隠蔽《いんぺい》されているため、いかなる検閲も通過してしまう。テレビも新聞も「同じ日本人として」オリンピックの金メダル獲得を誇りに思うとかノーベル賞の受賞を誇りに思うと声高に言って憚《はばか》らない。

しかし、それは——どんなに自覚されていなくても——自分の属する集団が他の集団に比べて優れているという意味を含みもち、間接的に他の集団を差別しているのである。しかも、そのことが高慢ではないという保証を得るとき、人々は自分の集団を自然に誇る。

二〇〇八年のノーベル物理学賞受賞者三人のうち名古屋大学関係者が二人もいた。名古屋大学の物理学教室はおおっぴらに「われわれの研究室から偉大な先輩が現れたこと」を誇っていた。だが、これまでのノーベル賞受賞者は東大・京大関係者で占められていたが、私の記憶によれば、「京大生として誇りに思います」とか「東大卒として誇りに思います」という発言は聞かなかった。なぜなら、東大・京大関係者はわが国においては明らかなエリート集団なので、それを改めて誇ることは聞き苦しいこと、高慢という烙印を押されることを怖れているからである。

こう思い巡らして、私はずいぶん前から自分と同一の集団に属する他人を誇る人々に対して批判的になった。彼らが差別感情をもっていながら、それを自覚していない鈍感さに苛立つからであり、あるいはその鈍感さにくるまれた狡さに辟易《へきえき》するからである。

人間関係の濃厚な社会を目指すべきなのか？

親を殺したり、「誰でもいいから」刺したりする犯罪が増えるとともに、ひきこもりやうつ病が増大するなどの社会現象に対する反省から、最近のジャーナリズムの風潮として、もっと人間的絆の固い社会の実現をという提唱が多いが、これは危険な方向だと思う。先日のＮＨＫ特集では「ぎすぎすした社会」からの脱皮というテーマでパネリストからさまざまな提言がされたが、そろって人間関係の濃厚な社会、声を掛け合う地域社会の復活を唱えていた。江戸時代から続くわが国独自の人間的絆を復活しよう、という声もあり、強烈な違和感を覚えた。

それは、お互いに監視し合う社会であり、他人が個人を放っておかずにずけずけと介入する社会である。社会のしきたりを個人に押しつける社会であり、連帯感を強調する社会であり、帰属意識を高める社会である。

人間関係の濃厚な社会を単純に望むことは危険だと思う。そこには、「みんな一緒」に居心地の良さを覚える人々の幸福と引き換えに、濃厚な人間関係を望まない多くの人を圧殺することになる。むしろ（私の好みも多分に入っているが）、他人に自分の価値観を押しつけない社会、他人を縛らない社会、他人を調教しない社会、他人になるべく期待しない社会こそ、実現すべきではないだろうか？

多様性そのものを維持することが大切なのであって、多少社会の能率が下がっても、不安定要素が高まっても、異質なものを同化するのではなく、異質なもの同士の「共生」を目指すべきであろう。孤独でいたい人に孤独の自由を与え、不幸に打ちひしがれていても他人の助けを欲しない人の自由を尊重すべきであろう。

社会の安定と調和は、こうした人々を取り込んで一律な価値観を押しつけることによって実現されてはならない。確かに、一般に集団から排除されるのは辛いことである。しかし、同じように辛いのは、無理やり集団に留まることを強制されることである。

こうして、人間は何らかの共同体に属さなければ生きていけないことを知ったうえで、各人は自分の集団への帰属意識をなるべく抑えることを提案したい。その集団があなたにとって大切であればあるほど、あなたはその集団のために動いていくであろう。そして、知らないうちに、その集団に属していることに誇りをもち、知らないうちにその集団のうちで権力を振るい、その集団を守るために集団内の個人を追及し、その集団を守るためにある人々を集団から排除し、……こうして集団に身を捧げることを通してあなたは差別感情をせっせと育てているのだ。

4　向上心

「よいこと」を目指す態度

差別意識をもたないことがほとんど不可能であるのは、小学校のころから、「よいこと」を目指すように教え込まれているからである。清潔であること、規則正しくあること、勤勉であること、傲慢であってはならないこと、弱いものを助けること、……こうした価値を教え込まれた子供が、これらを目指していない者、実現していない者を蔑むようになるのは自然である。

勤勉であることを子供に勧める場合、勤勉である者を褒め、勤勉でない者を叱りながら、同時に勤勉でない者を軽蔑してはならないと教えること、さまざまな知識を覚えさせ、考え方を習得させ、テストをしながら、できる子ができない子を見下してはならないと教えることは、きわめて難しそうに思われる。

田中克彦は、この構図をよく見ている。

このような制度の外にある、あるいは「制度によらない」差別こそ、差別の最高の

形態である。なぜなら、制度による差別であれば、制度を解消することによって解消することができるが、意識にもとづく差別のばあい、その意識を変えるには、意識という、もっともやっかいな相手を敵にまわさなければならないからである。意識は、利害得失に関わるだけでなく、倫理感や、美意識にかかわってくる。なかんづく、後者の改造は、ほとんど人間の手には負えないものである。こういう差別こそ、本来の意味において、イデオロギー的と呼ぶことができると思う。（『差別ということば』明石書店）

差別問題と取り組む多くの人は、なぜこのきわめて難しい問題を直視しようとしないのであろうか？　教師も親も子供たちに「よいこと」をするように教育し、その成果の上がった子（A）を賞賛し、しかも同時に、Aにそれを習得できないクラス仲間を軽蔑するなと教える。Aは理解に苦しむであろう。もっとも、この超難問も解決されているかのような外見を保っている。なぜか？　賢い子供は、総体的に見て、何が得であるかも学ぶからである。勤勉であり、勉強のできる子は、同時にそのことを誇ってはならないことを学ぶ。誇らなければ、ますます自分が得をすることを知っているからである。だが、その場合Aは劣等なクラス仲間を外形的には軽蔑しないかもし

れないが、心のうちで彼らを軽蔑し続けるであろう。そうでなくとも、少なくとも自分は彼らより優れていると誇るであろう。

成績も悪く、素行も悪く、怠け者であるB君を、それでも「人間として」尊敬しなさい、という教師の言葉は、はたしてどのくらい子供たちの心に訴えうるのか、真正面から考察する必要があるように思う。

『健康帝国ナチス』

「よいもの」を目指す態度がすなわち迫害や差別を引き起こす事例として、ナチズムの清潔を中核とする健康志向ほど考えさせるものはあるまい。R・N・プロクターは、用心深い口調ではあるが、次のように語っている。

大衆はナチズムに、その健康志向をはじめとするさまざまな分野に、若さの回復を見たのである。ナチズムに大手術と徹底した浄化を望んだのである。しかもそれは必ずしも忌まわしい方向だけではなかった。(『健康帝国ナチス』宮崎尊訳、草思社)

ナチズムそのものを私はある種の実験、排他的な健康ユートピアを実現するための壮大な実験として扱うことになる。このユートピア構想は、ファシズムのよく知られた集団殺戮の側面と無縁ではない。ドイツの工場の空気と水からアスベストと鉛を除去しようというのと、ドイツ国家からユダヤ人を一掃しようというのは同じ発想だ。ナチス・イデオロギーは国家の環境浄化と人種浄化を結びつけた。（同訳書）

ヒトラーが政権を掌握した一九三〇年代、ドイツは世界に冠たる科学国家であった。科学におけるあらゆる分野で世界をリードする研究が行われ、とくにドイツ医学は名をとどろかせていた。さまざまな伝染病の病原菌が発見され、人々の清潔観念は急速に広まり、同時に現代の先駆けとも言える禁煙運動、発ガン物質であるアスベスト禁止をはじめとする環境問題への取り組みも熱心であった。

清潔・健康志向の高まりと相まって、ヒトラーはユダヤ人を結核菌やペスト菌に喩《たと》えることが多くなる。

こうした腫《は》れ物を注意深く切開するや否や、人々は腐っていく死体の中の蛆《うじ》のように、突如差し込んだ光によってまぶしくて眼の見えないユダヤ人をしばしば発見し

たのである。（中略）それは民衆が感染したかっての黒死病よりももっと悪質なペストであり、精神的なペストなのだ。（『わが闘争』拙訳）

「ユダヤ菌」の発見は世界の一大革命だ。今日我々が戦っている戦争は、実は前世紀のパスツールやコッホの闘いと同種のものなのだ。いったいどれほどの病気がユダヤ菌によって引き起こされていることやら。……ユダヤ人を排除すれば、我々は健康を取り戻せる。すべての病気には原因がある。偶然などない。（『ヒトラーのテーブル・トーク㊤』〈一九四二年二月二十二日〉吉田八岑監訳、三交社）

このように、ヒトラーはすでに固まっていた伝来の「不潔なユダヤ人」という観念を強調したが、このすべてを科学の進歩に伴う人々の清潔志向が下支えしたのである。

向上心の含みもつ醜さ

向上心自体は何も非難すべきことはないが、ただそれが他人を見下す態度を伴うとき問題になる、という安直なレベルに留まっている人は、差別問題を真剣に考えてい

ない。こういう定型的な言葉こそ差別問題の最も微妙な点を隠蔽するのである。

向上心とは何であろう？　それは、過去の自分より向上することに留まらず「他人より向上する」ことなのである。自分なりに向上したが、それでもはるかに集団において下位に位置するとき、その人は満足するであろうか？　仲間たちが英語で論文を書いているときに、やっと英検三級に受かって、満足だろうか？　特別な理由がない限り、満足できないはずである。向上心はそれなりの結果、すなわち「ご褒美」を求めるからである。これは、それ自体として醜いものではないか？　少なくとも、醜さを隠しもっているものではないか？

それに加えて、向上心とは向上しようと努力することであり、それをよしとすることだ。全身で努力しても結果が得られないとき、向上心はうなだれる。一心に努力し、かつ結果が得られるときのみ、向上心は報われる。

こうして、向上心は、（普通）けっして社会から切り離された個人の精進の問題としては現出せず、社会的価値とぴったり身を寄せて現れる。みんなから賞賛されることにおいて向上することが、向上心を駆り立てるのである。だから、それは自己鍛錬のように見えて、じつはその相当部分が他人に対する態度なのだ。他人からよく思われたいという動機がそこに渦巻いているのである。

とりわけ、向上心が向上しようという努力である以上、向上心の強い人は、努力をして結果を出せないものを許したとしても、努力する気のない者を評価しないであろう。

表向きは彼らを軽蔑していないかもしれない。しかし、尊敬することはできないはずであり、少なくともその点に限って、彼らを軽蔑していることは確かである。先に、(欧米型)近代社会においては道徳的軽蔑のみが大手を振って歩けるということを示した。向上心のない者はこれに直結する。この社会においては、向上しようと努力することが、ほとんど自明の道徳的善さとみなされているからである。カントはこれを自分に対する「義務」とみなしている。

ナチズムの相当部分がドイツ人の向上心に訴えて成立している。ドイツ民族が道徳的に優れているのは、その資質のみならず、限りなく向上しようという心にあるのだ。こうして、ナチスの支配下、怠惰な者は排斥され勤勉な者が賞賛された。ナチスを最も熱心に支持したのは、公務員であり教師であり科学者であり実直な勤労者であった。

当時の社会で最も真面目で清潔で勤勉な人々がヒトラーの演説に涙を流し、ユダヤ人という不真面目で不潔で怠惰な「寄生虫」に激しい嫌悪感を噴出させたのである。

「努力」を過大評価してはならない

（欧米型）近代社会の残酷さは、「個人主義」という名のもとに、各個人の知的・肉体的能力の差異を認めたうえで、フェアな戦いを要求することである。フェアに戦えば、もともと能力の優れている者が勝つこと、能力の優れていない者が負けることは当たり前であるが、あらゆる差別に対して神経を尖らせながら、こうした能力差別については問題提起しない。

しかも、負けた者、成果を出せない者が、自分の能力のないことを理由にすることさえ、許されないのが実情である。「その前に、きみは努力したのか？」という問いがいつも控えている。そして、——本当のところは誰も信じていないのに——努力すれば必ず報われるという神話がまかり通っている。

これは、考えれば考えるほど残酷な事態である。不美人がどんなに努力しても美人には太刀打《たちう》ちできないし、鈍才がどんなに努力しても秀才にはかなわない。しかし、それを知りながら、恋愛闘争において、入学試験闘争において、それを理由にすることがほぼ禁じられているのだ。それを理由にすること、そのことが「負け犬」とみなされるのだ。たとえそうであっても、「努力せよ！」という鞭《むち》の音が背後から聞こえ

てくるのだ。じつは、各人間の生まれつきの肉体的・知的格差(「人間的能力格差」と言えるであろう)は、火を見るより明らかなのに、それを不可思議な仕方で見えないようにして、みな取りつかれたように「努力、努力」という掛け声だけを発するのである。

こうした残酷な状況を子供たちはすでにからだの底から学んでいる。その岩のような欺瞞の前に身をすくませている。Aちゃんは目が覚めるようにかわいくて明るくそのうえ成績もいいのに、私はブスで暗くて頭も悪い。みんなそれを知って、Aちゃんをちやほやし、私から顔を背ける。それなのに、私は不満を訴えてはならないのだ。訴えた瞬間にみんなから腹を抱えて笑われるのだ。そして、この格差が死ぬまで続くのである。それなのに、私はこれを問題にしてはならないのである。

二〇〇八年夏、秋葉原で通行人を轢《ひ》き殺し刺し殺した男(K)は、――彼をいささかも擁護するわけではないが――こうした叫び声を代弁したものだと私は思っている。そして、案の定、あらゆる報道機関においてあらゆる学者・評論家・コメンテーターたちは彼に猛烈な批判を浴びせていた。彼らは口裏を合わせたかのように、「同じように苦しんでいる厖大な数の人が立派に生きているのに」と喋《しゃべ》りまくっていた。けっして「同じように苦しんでいる厖大な人の苦しみをあらためて問題にしよう」と

いう向きに舵《かじ》を取ることはなかった。

こうしたはなはだしい欺瞞を嗅ぎつけて2ちゃんねるをはじめとする裏ネット社会において、Kが英雄として祭り上げられたことは、多くの若者たちがKの提起した問題を敏感に察知したことを示している。百万人にも及ぶと言われる「ひきこもり」や、年間三万人を下らない自殺者や、加速度的に増大するうつ病患者たちは、こうした努力社会の正真正銘の犠牲者ではないかと思っている。

彼らは努力に疲れたのではない。努力しても駄目だと言ってはならないことに疲れたのだ。いわば、近代社会の残酷さの真実を見てしまったのであり、それは真実であるから、眼を逸らせることが難しいのである。「それはおかしい！」と叫びたくても、叫ぶことさえ禁止されて、自分を責めることに邁進していく。

差別問題においては、身体障害者・精神障害者・被差別部落出身者・在日韓国朝鮮人・性同一性障害者などに対する「特権化された差別」と並んで、こうした見えない差別がじわじわ浸透している。こうした差別は、特権化された差別に比べて無限に「些細な問題」に見えしかも近代社会の基本枠に関わるがゆえに、社会制度的解決が難しい。われわれは努力しない人に向かって、肯定的評価を下すことは難しい。と言って、フェアな戦いを拒否し裏工作する人を軽蔑しないことは難しい。

社会的不適格者は、フェアに戦えば負けることは目に見えており、といってちょっとでもアンフェアをもち出せば軽蔑され、場合によっては罰せられる。しかも、ここにはいかなる差別もないとみなされている。これほどの過酷かつ欺瞞的な状況があろうか？

あらゆる「賞賛」に冷淡であること

私の個人的感受性であるが、以上のような観点から、私は地上のありとあらゆる「賞」を嫌悪するようになった。誰がいかなる偉業を成し遂げようともそれほど感心しないのである。いや、それを讃える人々、それに応える英雄たちの喜々とした顔に、善くないもの、真実でないもの、美しくないものを見てしまう。それが、いかに人類のためになろうと、いかに謙虚で地味な研究であろうと、人は自分の仕事に関して「誉められること」を承認してはならないと思うのだ。

このいささか過敏な心情には差別感情が絡みついている。すなわち、いかなる心血を注いだ研究でも、いかに多くの人を楽しませ希望を与える創作でも、障害者として、犯罪者（の家族）として、被差別部落出身者として、差別を受けながら、日々苦しみあえいで生きている人々の偉大さに比べれば物の数でもないからである。

十年以上も前にニュースで知ったのだが、近所のスーパーに幼い子供を二人連れて車で買い物に来た主婦が、駐車場で子供をいったん降ろしバックして車を停めたところ、二人の子供はその車の下敷きになって死んでいた。その母親が自殺せずに後悔と自責に塗れて生き続ける尊厳に比べれば、いかなる受賞者のなした偉業もほとんど無であるように思う。

かなり昔の事件であるが、私もわずかにかかわっているので、ここに書き記しておく。ある出版社に勤務する中年の男（S）が息子の家庭内暴力に疲れ果てて、息子の睡眠中その頭を金属バットで滅多打ちにして殺した。妻と娘は息子（弟）の暴力から逃れるために別居していた。夫が息子を殺した衝撃から、Sの妻は首吊り自殺を図った。Sにとって、あるいは残された娘にとって、人生とはなんと過酷なものであろう。「なぜ自分たちにこの人生が与えられたのだろうか？」（『旧約聖書』「ヨブ記」の）ヨブのように、天に向かって叫びたいことであろう。

Sは東大の倫理学科を出ていて、彼の情状を鑑みた減刑運動が起こり、同じ倫理学科で彼と机を並べていたカント学者仲間から私にまで署名の依頼があった（定かに記憶していないが、署名したように思う）。

こういう人は、まさに地獄のような人生を生き抜いたとしても、誰からも誉められ

ず、むしろ中傷され、非難され、迫害され、耐えに耐えしのんで、そのまま死ぬのである。わが子を（過失によって）轢き殺した母親や、わが子を（意図的に）打ち殺した父親は、普通の意味での被差別者ではないが、なぜ自分がこうした運命のもとに配置されねばならなかったのか、障害者や被差別部落出身者が抱くのと同じ疑問を感じるに違いない。

私は、誰がいかに偉大なことを成し遂げても、こうした人々の偉大さの足許《あしもと》にも及ばないと心の底から感じる。そして、カール・バルトの言葉がますます心に染み渡る。

人間を人間仲間のあいだにあって、すばらしくおもわせるものはすべて仮面である。（『ローマ書講解』小川圭治・岩波哲男訳、河出書房新社）

第三章　差別感情と誠実性

前章においては、人間における「よいもの」そのものが差別感情の原因をなすという見通しにくい、それゆえ多くの人が認めようとしない困難な事情を探ってみた。ここにとりわけ明るみに出されねばならないのは、それら「よいもの」の中でもとりわけ賞賛される「誠実性」である。われわれは、本章で誠実性こそ差別感情の源泉かもしれないという過酷な事実に向き合わねばならない。

誠実性にはさまざまなレベルがあり、さまざまな差異があるが、感受性における誠実性と信念における誠実性に二分されるように思われる。前者は、自分固有の感受性を大切にし、それを育《はぐく》んでいくこと、さらにそれを正確な言葉や行為によって表現することである。そして、——直ちにわかるように——われわれは少なからぬ人に対してごく自然に不快を覚え、嫌悪を感じ、軽蔑さえする。重度の身体障害者や精神障害者など「公認された」被差別者に対しては、それを表出しないように慎重に身構えていても、醜い女、仕事のできない男、動作の鈍い子供……に対しては露骨に不快感を示すかもしれない。場合によっては、嫌悪し軽蔑さえするかもしれない。まさにここに問題がある。その場合、私は自分の感受性に誠実であろうとするなら、そういう「劣った人々」に対してマイナスの感情をそのまま表出すべきなのであろうか？　あるいは、そう感じつつも、表面的にはあたかもそうでないかのように振舞うべきか？

このとき、私の誠実性はどうなるのであろうか？

また、私は自分の信念に誠実でありたいがゆえに、信念を異にする人と妥協したくはない。私はなるべく嘘をつくべきではないという信念をもっているが、「嘘も方便」という信念の人もいる。私は自分の信念に対する誠実さを貫くために、彼を徹底的に打ちのめすべきなのか、それとも彼の信念を尊重し彼の幸福を願って、自分の信念を抑えるべきなのか？

ある信念に凝り固まった人（狂信者）もまた懐深く差別感情を抱えもっている。現代日本では、宗教的、政治的狂信者はむしろ少数派であって、何より世間一般の価値観に埋没し、それをそのまま反省することなく信じ込んでいるという凝り固まった人が繁茂している。彼らはその社会において最大多数を成し、どこまでも「普通である」ことにしがみついている奇妙な狂信者なのである。

そして、「差別をなくそう！」とのスローガンのもとに、こうした生ぬるい社会を根本的に変革せねば、と意気込んでいる一群の凝り固まった人々が、これにぴったり寄り添っている。彼らは、差別現象を見届けるや東奔西走して加害者を告発し、血祭りに上げ、社会から葬り去る、という現代の魔女裁判を精力的に推し進める狂信者である。

こういう状況にあって、私の究極の問いは、「私は自分の信念に対する誠実性を保ちながら、他人の幸福を求めることができるのだろうか？」というものである。本書の最後にこの重たい問いに迫っていきたい。

1　まなざしの差別

まなざしによる権力関係

差別感情を抱くこととそれを表出することとの乖離《かいり》に対してどう考えるかは、難問中の難問であることはこれまで述べてきた。ある人が特定のある人に対して差別感情を抱いているが、その片鱗も表出させていないとき、それでいいのかという単純な疑問が立ち上る。といって、権力が（何らかの意見における）感情まで規制するのはむしろ恐ろしい社会である。これに対する踏み込んだ考察は第３節に委《ゆだ》ねることにして、ここでは感情とその表出との境に位置する「まなざし」に照準を合わせて検討してみたい。

栗原彬《あきら》は、まなざしの差別に関して余すところのない厳密な議論を展開している。

はじめにまなざしがある。まなざしが他者に注がれて自己とのちがいを識別する。ちがいを認めたまなざしは自分自身へ投げ返される。そのつどの状況の中で、他者に投げられたまなざしは、瞬時に、そのつどの自他のアイデンティティを振り分ける。

しかし、まなざしはちがいの識別にとどまらず、その先に行く。まなざしは、そのちがいに力関係をもちこむ。上下、優劣、貴賤、正常—異常、中心—周縁、完全—欠如。いずれにせよ、まなざしは、一方のアイデンティティには価値付与的に、他方のアイデンティティには価値剝奪的に働く。まなざしが権力的関係をつくり出し、そのことが関係の両端にある人間の総体を傾斜的に、非対称的に規定するとき差別が完成する。(「差別とまなざし」『講座　差別の社会学2　日本社会の差別構造』所収、弘文堂)

表現は硬いが、ここには差別的まなざしの原型とも言えるものが丁寧に記述されている。差別的まなざしにおいては、それを「向ける者」と「向けられる者」とが交換不能な形で配置される。まなざしを向けられた者が同じまなざしを向け返せないとき、まなざしの「差別が完成する」のである。

なぜ被差別者は強いられたまなざしを受け入れざるを得ないか。それが権力的関係だからだというのは、トートロジーにすぎない。しかしながら、まなざしの強制に対して、やり過し、ずらし、自己隠蔽、自己隔離、拡散、他の標識の強調、ぼかし、逸脱、過剰同調、反抗といった戦略があるにしても、まなざしに同化しなければ生き難いように見え、同化することに生存のエコノミーがあるという差別者のイデオロギーが媒介となって、まなざしの内面化が進む。(同論文)

しかも、まなざしを向けられた者は、それに「ノー」を突きつけることができず、それを承認せざるをえない。まなざしに対して気がつかないふうを装ったり(やり過ごし)、他のことにかまけているふうを装ったり(ずらし)、自分自身に対してまなざしを押し隠したり(自己隠蔽)、自分がまなざしから安全な地帯にいると思い込んだり(自己隔離)、さまざまなまなざしのうちにこのまなざしを溶解させたり(拡散)、まなざしを注がれる理由以外の自分の特徴をあえて押し出したり(他の標識の強調)、まなざしを注がれる理由を追及せずにぼかしたり(ぼかし)、注がれているまなざしの対象からまなざしを逸らせるためにあえて異様な行為をとったり(逸脱)、自

分はまなざしを受けるに値すると思い込んだり（過剰同調）、まなざしを向け返したり（反抗）……できるかもしれない。しかし、差別的まなざしを注がれたものは、まなざしとともに圧倒的に迫ってくる明確な意味づけを受け入れなければならないのだ。こうした理不尽な受け入れを栗原は「内面化」と呼んでいる。

ここでは、私のまなざしは直接的には障害者に価値剝奪的に向けられてはいない。しかし「健常者」に価値付与的に働く隠されたまなざしがあって、その意味で、私のまなざしは迂回しながら障害者への差別を生み出したのである。（同論文）

そして、さらに事態を掘り下げてみると、まなざしを向ける者はまなざしを向けられる者に対して、直接侮蔑的あるいは嘲笑的まなざしを向けるわけではない。ただ、穏やかに優しく見ていることもあろう。

だが、そのまなざしの中にはやはり自己肯定の要素があるのだ。「この眼前の人でなくて自分はよかった」という隠された言葉を発しているのだ。この間接的言語をまなざしを受ける者は正確にキャッチしてしまう。

まなざしを向ける者の狡さ

しかも、まなざしの差別は「いま自分は何の悪いこともしなかった」という自己暗示を瞬時にかける見事と言っていいほどの狡さを伴っている。このことが可能であるのは、まなざしが「うち」と「そと」との境界に位置していて――相手を殴りつけるとか相手に唾を吐きかけるなどの行為とは異なり――自他に対してその行使を隠そうとすればどうにか隠せるからである。そんな冷たい視線を注いだ憶《おぼ》えはない、と居直れるのだ。

たしかに、まなざしそのものは見えない。しかし、まなざしを注がれる者はそこに籠められた差別感情を見逃しはしない。ここは、サルトルが分析している自己欺瞞(mauvaise foi)がはたらく典型的領域である。

Aは道路の向こうからやってくる障害者Bにふと気づく。一瞬「困った」という閃《せん》光《こう》が体内(脳内)にひらめく。Bは近づいてくる。Aは全身で何気ない風を演じ始める。Bとすれ違う時間を計測する。そのときが早く来て早く去ってくれることを望む。Bがすぐ傍らにいて、黙々と通り過ぎるとき、かすかに空気の揺れを感じる。AはBからまなざしを逸らし続ける。

Aが連れと一緒にいる場合は、努めて彼(女)と何気ない会話をし続ける。同時に

Aの体内にわずかな痛みが走る。しかし、それはほんのわずかであって「気がつかなかった」と言ってもいいほどのものである。

Bは去った。Aは「何も起こらなかった」ことを確認する。何も、本当に何も起こらなかったのだ。あれほどの恐れは思い過ごしだった。いや、そう考えることもやめなくてはならない。Aは大急ぎですべてを「忘れる」ことに勤しむ。そして、Aは忘れてしまう。いや、正確に言い直せば、忘れてしまった振りをする。忘れてしまったと自分を騙すのである。

こうして、Aは日々たえまなくこの欺瞞的行為を繰り返す。Aの罪科は何であろうか？　それは、Bを痛めつけたことではない。そのことを知りながら、自分を有罪とみなさない、いや、正確に言えば、かすかに罪の意識は心の片隅を掠《かす》めるが、あえて無罪とみなす、みなそうとする、その狡さである。自分の行為を反省し追及せずに、ただ「仕方ない」と呟くその怠惰さである。

まなざしを向けられた者の痛み

差別的まなざしを向けられた者（B）は、一瞬自分がまるごと相手（A）によって背景から切り取られ、単なる「障害者」にすぎないものというレッテルを貼られ、そ

の直後に世界からその存在を抹殺される。自分は存在していない者である。自分は無なのだ。だから、自分は「見えない」のだ。

サルトルの言葉を使えば、BはAによって「無化」されたのである。Bは無のままAとすれ違う。そして、独特の居心地の悪さを覚える。なぜなら、Aのまなざしはあらぬ方に向けられながらも、執拗なほど自分に注がれていることを感じるからである。Aの全身が「私はあなたを見ている」と告げている。Aの全身が「私にはあなたが見えない、なぜなら、私はあなたを無化したから」と告白している。

BはAのまなざしを忘れることができない。自分のからだの中核を突き刺し、自分の存在を完全に無化し、しかもこのすべてを「何も生じなかった」とみなす、あまりにも豊かな意味を含んだそのまなざしを忘れることができない。

Bは、こうしたまなざしを日々刻々とさまざまな健常者から浴びせかけられる。怒りは凝固し、氷結し、硬い塊となって活動をやめる。Bはもはや怒ることさえできない。ただ、自分が無化されるたびごとに「またか」と呟く。

では、どうすればいいのか？　Bはどのようなまなざしが自分に注がれることを望んでいるのか？　自分を背景から浮き立てないまなざしである。自分から存在を奪い去る（無化する）暴力を控えるまなざしである。

まなざしを向けられた者は、向ける者の心がはっきり「見て取れる」。まなざしを向ける者がいかに巧妙に振舞っても、いかに落ち度なくまなざしを注いでも、いかに自己弁解に努めても、彼の差別感情がまなざしのうちにそのまま露わになってしまうのだ。では、どうしたらいいのか？

ここで、われわれは誠実性という大きなテーマの前に立たされる。まなざしの差別が、被差別者を独特の仕方で傷つけるのは、その内面とその表出とのあいだに横たわるズレをそこに認めるからである。そのズレに幾重にも隠された狡さを見る。そうすると、こうしたまなざしを避けるには、二つの選択しかないように思われる。一つは、そのまま誠実に被差別者に不快であるという侮蔑的まなざしを向けること。そして、もう一つは、みずからの感情それ自体をコントロールすること。

われわれが直面しているのは、これらのうちどちらかを選べ、というような単純な問題ではない。どちらを選んでも最終的解決はないかもしれない。だが、視線で被差別者を「殺す」という狡さはどうにかして避けたい。こういう困難にどう立ち向かうか、それが差別感情の「哲学」に課された問題である。社会学なら、心理学なら、政治学なら、みずからの感情をコントロールすればそれでいいのかもしれない。しかし、いやしくも哲学はここに開かれた問題を避けてはならない。ずっしりした重さ

（解決困難さ）をもつその問題をそのまま誤魔化さずに受け止めるほかないのである（この問いはこの章の最後にもち越す）。

2　差別語

なぜブスは他人から「ブス」と言われると傷つくのか？

まなざしではなく、はっきりと言葉によって撃たれる場合はどうであろうか？　それは、その言葉を投げつけられた人にいかなる痛みをもたらし、いかなる傷をつけるのだろうか？

視点を変えてみれば、なぜわれわれは（一般に）日ごろ自分について自覚している欠点であっても、それを他人の口から言われると傷つくのか、という問いでもある。体重が百キロ以上ある男でも、「デブ」と言われると傷つき、誰の眼から見ても醜い少女であっても「ブス」と呟かれると傷つき、義務教育しか受けていない者でも「おい、そこの中卒！」と呼ばれると傷つく。

こうした現象を明らかにするには、「言語行為論（speech act theory）」の成果を取り込む必要がある。オースチン起源の比較的新しいこの理論は、言語の機能とは、

何かを描写し報告する「記述」のみではないこと、むしろ相手に命令したり、懇願したり、相手と約束したり……というそれ自体が相手に対して何らかの「力（force）」を行使するような「行為」であることを明らかにした。

このことは当然のことである。言語行為論に至らない単純な例を挙げてみると、多くの場合、言葉を発するとは単に現象を（客観的に）記述することではなく、同時にそれに付着する価値を承認することである。その価値を、われわれは言葉を学ぶ当初から受け容れたのであり、それぞれの言葉が担う価値の比重に対して個人は基本的には抵抗できないのである。「青山、赤坂、六本木、白金、広尾、麻布、鎌倉」というブランド地名を学ぶとき、われわれはその高級感をも正確に学ぶ。同じように「こじき、めかけ、水商売、中卒、オタク、ジャップ」などの言葉を学ぶとき、われわれはこれらにこびりついているマイナスの価値をも正確に習得する。

だから「ブス」とは単に「醜い女」という（比較的）ニュートラルな記述に対応する言葉とは異なり、そこにはもともと悪意、侮蔑、排除、嘲笑がたっぷり含まれている。そして、こうしたマイナスの価値を担った言語をあるコンテクストのもとに、ある特定の女性に向けるとき、それは彼女を殴る行為と似た現実的な力を有するのだ。

そのとき、われわれはある女性を「ブス」と指し示すことにより、彼女の身体特徴を

記述しているのみならず、同時に彼女を侮蔑すべき、排除すべき、嘲笑すべき者として規定し、彼女に悪意の矢を放っているのである。「ブス」と呼ばれた者は、その悪意を正確に受け止めてしまう。この言葉に籠められたマイナスの価値を正確に測定してしまう。彼女は自分に向けられた露骨な悪意に傷つくのである。

しかも、彼女もまた世間の美の基準を受け容れざるをえず、その「正しさ」を突きつけられて自分の身体に「羞恥」を覚えてしまうのである。

きめ細かい対処を

ある種の言葉を投げつけられると、人がいかに傷つくかを承認したとしても、だからといってある種の言葉を定型的に規制したり禁止するという方向にまっしぐらに進むべきことにはならない。

もう二十年以上も前のことだが、筒井康隆の文章が教科書に採用され、そこに「てんかん」という言葉が出てくることをめぐって議論が沸騰した。筒井は、そのとき「断筆宣言」を発した。そのときが、差別語の規制をめぐる議論が最も沸騰した時代であった。ほとんどの作家はある種の言語を定型的に禁止ないし規制する動きに対して抵抗したが、その潮流は変わることなく、いやさらに強化されて現在に至って

いる。

私の個人的な体験でも、本を刊行するごとに規制は厳しくなっていく感じである。例を挙げれば、「あいつは気違いだ」という箇所にクレームがつき、「異常だ」に直すことで合意したが、納得しているわけではない。「気違い」を「キチガイ」と片仮名表記することで通過したこともある。「屠殺場に行く豚のように」も駄目で、そのほか「日雇い」も駄目、「酋長」も駄目。後者については、ダメットに有名な「酋長の踊り」という時間論の事例があるが、それを他の言葉で置き換えることはできない。「部族長」では通じないし「村長」ではなおさらない。そこで、がんばって「酋長」と括弧に入れることで合意した。

西尾秀和の『差別表現の検証』（講談社）は、マスメディアにおける表現の自主規制の実態を検証しているが、漫画の中の人物が「四本指」を立てている図柄があり、その描き直しを命じられたという例まで挙がっている。

そのさい、被差別者自身が自らのこと（あるいは身内のこと）をある伝統的用語で語ることとさえ許されない。これは、あらゆる差別問題に生じてくる現象であって、女性自身が自らを「産む機械」と語ること、あるいは「痴漢行為は自然だ」と語ることができないということである。こうして、差別語の行き過ぎに関する批判がほぼ出揃

ったまま、さまざまな言葉が急速にわれわれの世界から消えていっている。

現在のジャーナリズムを支配している魔女狩りのような「差別語狩り」には嫌悪以外の何ものも感じないが、とはいえ私はいかなる言葉に関しても何の規制もしなくていいと考えているわけではない。言葉は、表現された瞬間に話し手（書き手）から独立の社会的意味をもってしまうということも考慮に入れねばならない。「表現の自由」という原理を大上段に構えて一律に「差別語狩り」を批判するのは、「人を傷つける言葉はすべて禁止する」という短絡的理論と同じレベルの目線の低い論拠である。

問題は、差別語の規制の仕方なのだ。私は、ここでそれぞれの場合に応じてきめ細かい対応をすべきだ、という常識的な見解を繰り返すほかない。

次のことも知るべきであろう。差別語をどんなに紋切り型に統制しようとも、人々はあっという間にそれに代わるものを手にする。そのとき、人々はあらゆる差別語を慎重に回避し、その代わりとも言える執拗さで、そのすぐ次に位置する「軽蔑語」を機関銃のように発射するのだ。こうして、彼らは政策上「クロンボ」とか「メクラ」という呼称を決して使わない代わりに「デブ」とか「ブス」とか「のろま」という言葉を浴びせかけて悦にいっている。

こうした輩の態度は、じつのところ定型的に差別語を禁じる精神とぴったり呼応している。定型的規制は定型的・外形的な「よさ」しか生み出すことはない。法律や政治あるいは社会政策のレベルならそれでいいであろう。だが、哲学はここに切り込まねばならない。

差別語を使う人のまなざし

もちろん、人間は他人を傷つけ、傷ついた者が苦しむのを見て楽しむ存在者であればこそ、こういう暴力による被害者を見捨てていいわけではない。それは、自分に向かって放たれる差別語の過酷さを体験している者なら身に沁みて知っているはずであろう。その点で、われわれは言葉のもつ暴力性に鈍感であってはならないと思う。

だが同時に、私はあらゆる言語からその暴力性を抜き取れという主張には反対である。「誰をも傷つけない言語のみを使用せよ」というおうおうにして考えやすいところには、楽園ではなく恐ろしく退屈なしかも欺瞞的な世界が広がっていると思う（このことは次節のテーマである）。

人はある人に（理不尽に）害を及ぼしたいときもあり、復讐したいときもあり、笑いものにしたいときもある。それ自体もちろん賞賛すべきものではないが、――繰り

返し述べてきたように——こうした悪意ある行為を完全に社会から摘み取ることを目指してはならない。しかし、といって、これらを「自然状態」のままに放置せよと唱えているわけでもない。

言葉は人を傷つけることが「できる」ものである。場合によっては、人を絶望に落としいれ、殺すことさえ「できる」ものである。それを誤魔化しなく見ることがまず必要である。その上で、各自がどのようにして過度に他人から危害を受けることならびに過度に他人に危害を与えることを避けうるか、しかも自分の誠実性を決定的に破壊せずに、こうした問いがわれわれに突きつけられているのだ。

私が差別語に違和感を覚えるのは、それを安易に使用する者の鈍感な軽佻浮薄《けいちょうふはく》なまなざしが耐えがたいからである。一個の人間を「クロンボ」とか「ジャップ」とか「メクラ」と呼ぶときの弛緩したまなざしに嫌悪を覚える。その言葉遣いの怠惰さが、同時に全人間的な怠惰さを示しているように思われるのだ。

差別語の自然消滅？

最近の学生たちはわれわれの若い時分に比べて、マイナスの価値を担った言語を使うことに関してずいぶん敏感である。大学生ともなれば、少しでも人を軽蔑する言葉

の使用には独特の配慮した態度をとる。私の経験では、教員が参加している酒宴の席では、差別語はもちろん、いわば「準差別語」と言っていい「デブ」とか「ブス」とか「イナカッペ」とか「ブサメン」という言葉すら使うことはない。これは、個人的にはとても気持ちのいいものである。

さらに最近思いがけない発見があった。それは、若い人々はかつての差別語をまったく知らないということ。学生の中には、「ニコヨン」や「ハンバ」や「二号」や「女中」を知らない人が多い。当然「ケトウ」や「ロスケ」や「チャンコロ」や「パンパン」や「オンリー」は知らない。とすると、定型的な規制の効果も確かにあることは認めざるをえない。自分たちが知っている差別語を次世代の者たちの耳に入れず眼に触れずにおくうちに、いずれ「メクラ」や「ツンボ」や「ビッコ」や「カタワ」も死語になるかもしれない。これは、疑いなく一つの解決であろう。

ここに、一つの差別語のみならずあらゆる差別が解消されるヒントが潜んでいる。もし勤勉な学生が古い文献にかつての差別語「ニコヨン」を探り当てたとしても、彼はそのマイナスの語感をもちえない。彼は「ニコヨン」が「日雇い労働者」という意味であることを知る。しかし、彼が眼前の日雇い労働者を見て「ニコヨン！」とはやし立てるには相当の技術と訓練が必要であろう。しかも、たとえそれを学んだとして

も、その意味を知らない若い日雇い労働者にそのマイナスの価値は届かないであろう。「ニコヨン」というかつての差別語は、「日雇い労働者」という記述的意味だけを残して、そのマイナスの価値的（評価的）意味を失ってしまったのである。こうした事態に至ったとき、差別語は差別語ではなくなる。

だが、その代償として、われわれは独特の感受性を引き起こす多彩な言語群を失うのである。それでいいのかもしれない。だが、それは日本語の貧困化でもある。

これこそ杞憂であるが、ありとあらゆる差別語がなくなるとき、はたして他人に対する差別感情もすべての人の体内から消えるのであろうか？　そんなことはあるまい。新たな差別語を産み出すか、差別語に至らない侮蔑語を駆使するか、とにかく何らかの仕方でわれわれは他人を差別しようとするであろう。

毒を含む言葉を世界から抹殺することによって、言葉による差別は確かに減るであろうが、これによって差別自体が希薄化するのであろうか？　いま何事かを結論づける立場にはないが、一つだけ言えることは、現代日本に限ってみれば、差別は今後ますます微妙なもの、陰湿なものになるだろうということである。かつてのように、子供たちが「メクラ！」と口々に叫んで石を投げつけることはない。「在日」に顔をしかめることはない。

しかし、その分、——「1　まなざしの差別」において見たように——差別はまなざしの注ぎ方において、微妙な振舞いをもって、微妙な排斥の仕方をもって進行するのだ。ここで、ますます意識状態とその表出との関係という「誠実性」を巡る問題が重みをもってくる。

「男」と「女」

この節の最後に補足しておくと、ほとんどの人が自覚しないまま（あるいは自覚しても変えられないまま）差別的響きを有した言葉を発しているという事実にも注意しなければならない。「男」と「女」は性別を表す対等な記号ではない。そこには、すさまじいほど「豊かな」差別的色合いが込められている。「男」とは、多くの欧米語の場合「人間」と同じ言葉である。日本語の場合はそうではないが、じつはその使用においてはほぼ同じである。このことは、「男」や「女」に付ける形容詞や指示代名詞（形容詞）を考えてみればすぐにわかる。「いい男」とは、容貌が優れている男を意味することが多いが、「彼はいい男だ」と言うときに、「いい人間だ」という意味でも使うことがある。「勇気のある男」「信頼できる男」という場合はもっとはっきりしている。

しかし、「女」の場合、そうはいかないのだ。「女」とは——まさにすべての被差別

者がそうであるように――差別者（男）の側から意味付与された言葉である。よって、性的意味がもともとこびりついていて、「人間」というニュートラルな意味を持つことはない。「いい女」とは性的にいい女に限定され「人間的にいい女」を意味しえない。「彼は誠実な男なんだ」という文章は「男」に「人間」を代入してすんなり耳に入るのに対して、「彼女は誠実な女なんだ」と言うと、「女」に「人間」を代入することはできないゆえに、「誠実」と「女」とが対立の火花を散らして、一瞬こう語る者はいったい何を意味しているのかと疑いたくなる。「誠実な女」には「誠実な人間」という意味はあてがわれないで、おうおうにして男に対して誠実な女、貞操観念の固い女、男に尽くす女という意味があてがわれてしまう。

「おもしろい男」は「人間としておもしろい男」であるが、「おもしろい女」は男が付き合って「おもしろい女」であり、「陰のある男」とは「人間として陰のある男」であるが、「陰のある女」とは「男との関係において陰のある女」である。「男の幸福」とは、世界を支配するとか、真理を追求するとか、自分の信念を貫くとか……「人間の幸福」であるが、「女の幸福」とは男との関係における性的幸福のみである。

「老人」はプラスのイメージを保持しているのに対して、「老婆」が端的にマイナスなイメージを担うのも、男が往々にして女の価値を性的価値に限定してきたからであ

ろう。「おじさん」に対する「おばさん」にも同じメカニズムが働いている（「おばさん」はすでにはっきりした侮蔑語である）。

そして、以上にも増して象徴的なのは「男」や「女」に「あの」とか「この」という指示語が付くときである。姑が婿に対して「あの男は」と言う場合はなんら侮蔑的口調ではないのに対して、嫁に対して「あの女は」と言うとき、それははっきりとした侮蔑いや非難の表現になってしまう。酒の席で隣の男を指さしながら、「この男は」と言ってもとくに失礼ではないが、隣の女を指して「この女は」と言うときわめて失礼になるのだ。

いいであろうか？　差別語を意図的に使わない人でも、「男」や「女」という普通の言葉に隠れている差別的意味に気づくことなく（あるいは気づいてもどうしようもなく）、日々その言葉を使っているのだ。そして、その意味（響き）を変えるのは、不可能ではないにしても、なかなかの大事業である。

3　誠実性（1）

障害者に対する態度

これまで、差別についてさまざまな考察を重ねてきたが、その独特の見えにくさは、差別が人間社会にとっての価値ある部分と微妙に接していることである。このことは「誠実性」という価値において極限に達する。私は自分の感受性と信念に誠実でありたいと願うが、まさにこの欲求自体が差別感情と独特な親和性をもつのである。

私が体験した具体例を挙げよう。

成田空港でのこと。広大な空港を歩いていると、前方十メートルのところに、ちょっと気になる歩き方をしている白人の小柄な少年がいる。ふっと見ると両手の腕のところから直接数本の短い指が出ている、いわゆるサリドマイド児であった。それを認めた一瞬、私はそちらの方向に行くことを躊躇した。彼にやがて追いつき追い越すことに抵抗を覚えた。そのときの自分の「何気なく」振舞うであろうしぐさに嫌悪感をもったのである。自然なかたちで「彼」に対することができない自分の小ささに苛立ちを覚え、しかもそれを避けてしまった自分の狭さに嫌悪を覚えた。たとえ追い越し

たとしても、私は一瞬の「自責の念」を体験するとやがて忘れるであろう。忘れないまでも、そのことにひっかかりつつも「仕方ない」と呟くであろう。
この場合、誠実を求める私にどんな選択肢があるであろうか？　私のそのままの感受性に忠実に、嫌悪感と不快感にわずかな戸惑いの籠もったまなざしで彼を見据えることが誠実なのか？　それとも、あたかも知らない振りを装って急ぎ足で彼を追い越すことが誠実なのか？

直感的に、どちらも「違う！」という叫び声が聞こえてくる。

とりわけ前者は、少なくとも私の感受性に忠実なのだから誠実であるかのように見える。その点、少なくとも後者より欺瞞性は少ないかのように見える。しかし、事態をどこまでも繊細に見ることが必要なのだ。

あたかも気がつかないかのような振りをして彼を追い越す自分を「正しい」と信じている人は、限りなく欺瞞的であると思う。少なくとも、その自分の欺瞞性に気づくべきであると思う。この「べき」はどこから出てくるのか？　障害者を差別すべきではないという私の（個人的）信念からである。しかも、私はそのことをすべての人に要求する。そうでない信念とは、一体何であろう？

だからといって、もちろん彼に捻《ね》じ曲《ま》がったまなざしを向けることが正しいわけで

はない。また、そのときの私のように、彼を目撃して怖気《おじけ》づきその場を避ける人が「正しい」わけではない。そのときの私のように、自分の狡さをいかに責めたてても、そのことによって私の狡さが消えるわけではない。

ここで、もう一度よく考え直してみよう。私が――これは事実であるが――、ある種の障害者に対して不快感とも嫌悪感とも言えないどうしようもない違和感を抱いてしまう。そういう違和感を抱いた瞬間に、私はそういう感情を抱いている自分を激しく責める。そして、相手の「過酷な人生」を評価しようとする。つまり、そういうふうにして、私は彼の人生を勝手に「過酷なもの」とみなし、それを尊敬しようと努力し始めるのだ。

しかも、そういう自分の「嫌悪から尊敬への屈折」の狡さをも見通している。これには、さまざまな感情がまといついている。彼の人生を一概に「過酷な人生」と決めつけることはできないかもしれない、そう決めつけることこそが差別感情なのだ、だから過酷な人生を「尊敬する」という感情もじつは差別感情の表れなのだ……という判断が脳髄でざわざわ音を立てている。

実際にお前は彼を「尊敬している」のか、その尊敬は単なる哀れみではないか、という声も聞こえてくる。そうなら、お前は彼（女）に向かって「障害者として生きて

いて尊敬します」と言えるか？　言えないなら、なぜ言えないのか？　自分の中にすっきりしない定型的なラベルを貼って誤魔化し、その場を回避しようとする心の動きを察知しているからではないのか？

普通、生き方において尊敬する人には近づきたいものである。その人の話を聞き、その人を近くで感じていたいものである。だが、お前は彼に「尊敬」という言葉だけを投げつけて、もう逃げようとしているではないか？　お前は、「尊敬」という言葉を個々にもち出した自分を恥じているではないか？　そう語ったら、彼は微笑みつつも、全身で「それは嘘です」とはっきり拒否するであろうことを、お前は恐れているではないか？

こういう言葉が私の脳裏を駆け巡り、私は多くの場合、行き詰まり「どうしていいのかわからない」と呟いて思考を停止するのだ。

そういうときに、別の側面から問いが私に迫ってくる。はたして、私は本当に「障害者を差別してはならない」という信念を抱いているのであろうか？　それを本当に抱いているなら、こんなブザマな態度はとらないであろう。こんな混乱に陥ることはないであろう。私は、ただ自分を守るために、そう信じ込もうとしているだけなのではないか？　障害者に冷たい視線を注ぐ自分に嫌悪感を覚えるから、「障害者を差別

してはならない」という信念を抱いていると思い込もうとしているだけなのではないか？

もっと言えば、お前はじつは何も悩んでいないのではないか？　一瞬、悩む振りをして、自分自身に免罪符を発行して、こうした事態に直面して悩み苦しむ自分は棄てたものではないと思い込みたいだけなのではないか？　そういう複雑そうでいて、すべては自己防衛に基づくゲームを一心不乱に続けているだけなのではないか？　お前は、俺はダメだダメだと自分に言い聞かせながら、そういう自分は簡単に障害者を切り捨ててしまう多くの男女より高級な人間だと思っているのではないか？　そう思って安心し、自分を慰めているのではないか？

パレーシア

しかし、正直、私には自分の「本心」がわからない。それを抉り出すことができないのだ。私が認めざるをえないのは唯一つ、ある種の障害者に直面したとき、どう自分のからだが動くかということだけである。その後の「心の動き」には、幾重にも虚偽がまといついているであろう。だが、私がそのときとっさに行為したことは弁解の余地のないものであり、取り返しがつかない。ここには――サルトルやフロイトやラ

カンが精力的に開拓しようとしたが――、人間内部の暗闇が無限に広がっている。自己欺瞞が、自己防衛が、語られた言葉と語っている主体とのズレが無限に生じている。

古来、西洋の精神風土においては「真実を語ること」を（いかなる効果からも独立に）それ自体として敬う伝統があった。とくに、真実を語ることによって自分の身が危険に晒《さら》されるときこそ、それは価値があるとみなされてきた。

その典型が古代ギリシャで形成された「パレーシア」という概念である。中山元は『はじめて読むフーコー』（洋泉社）で、この概念を手際よくまとめている。

パレーシアは、みずからを危険にさらしながらも、あえて他者の好まないことがらを隠さず直言するという性格のものですので、そこには道徳的な意味が発生します。真理を語るものは、自分が沈黙していることに耐えられず発言するのであり、自己に真摯《しんし》でありたいという道徳的な動機のためにおこなわれることが多いためです。（中略）パレーシアにおいて、話し手は自由を行使して、説得するのではなく真理を語ります。偽りや沈黙ではなく真理を語るのを選び、また生命と安全ではなく死の危険性を選び、へつらいではなく批判を選び、自分の利益や道徳的なアパシ

道徳的な義務を選ぶのです。

私は、この「パレーシア」こそ、キリスト教の「愛」より、仏教の「慈悲」より、ストア派の「不動の精神」より、エピクロス派の「自足」より、アリストテレスの「中庸」より、われわれ人間が生きるうえではるかに優れた原理だと思っている。人間的「よさ」の根幹だと思っている。だから、こういう空気の希薄なわが国の文化的気候が——その限り——嫌いである。肌になじまず、違和感に充たされる。

パレーシアは、とくに権力者に向かう態度としては百パーセント首肯できる。しかし、問題は、これを（身体障害者のような）社会的弱者に直接適用できるか否かである。重度の精神障害者や身体障害者は、現代日本においては特権的被差別者であるから、ある意味で権力者でもある。こうした事態を考慮しながら、あえて彼らに対してパレーシアを適用してみると、安直な解答を拒否する岩のような難問がここに待ち受けていることがわかるであろう。まさに身体障害者に対して不快感や違和感を唱えることは「みずからを危険にさらしながらも、あえて他者の好まないことがらを隠さず直言する」ことであり、「自己に真摯でありたいという道徳的な動機のためにおこなわれる」のではないだろうか？「偽りや沈黙ではなく真理を語るのを選び、……へ

つらいではなく批判を選び、自分の利益や道徳的なアパシーではなく、道徳的な義務を選ぶ」ことになるのではないだろうか？

信念に対する誠実性とさまざまな状況

ラカンが『カントとサド』において掲げている例は、興味深いとともにきわめて深刻な事態である。それは自分の信念に対する誠実性が他人を不幸に追いやる場合である。私がある少年Jをユダヤ人であると告発すれば、彼はガス室に追いやられることを知っているとき、私は真実を語るべきか？　ラカンは問いを提起するだけで、答えを与えていないが、じっくり考える必要があろう。以下、さしあたり私の解答を示しておく。

真実を語るというパレーシアの原理は、一枚岩の単純な構造をしてはおらず、普通そこには多様に記述される複数の信念がぶつかり合う。私は「ユダヤ人を全滅させるべきだ」というヒトラーの信念には正面から反対である。その場合、私が私の信念に従ってナチスに反対すれば、私はまさに古典的なパレーシアに基づいた振舞いをしていることになろう。私は危害を加えられ、場合によっては殺されるであろう。

こうした状況の下に、私はJがユダヤ人であることを知っている。この場合、私は

どういう状況に追い込まれているのか？「ユダヤ人を全滅させるべきだ」という信念をヒトラーあるいはナチスと共有していないのだから、枠組みの異なるところに、真実性＝誠実性の原則を無媒介にもってきて、パレーシアか否か判定することが間違いなのだ。「Jがユダヤ人であるという理由だけで殺される」ことは、私の信念に反するゆえに、この信念のもとに「Jはユダヤ人ではない」と証言することは、私の信念に反しない場合もあるのだ。こうして、私の証言は必ずしもパレーシアに反してはいないように思われる。

ラカンは別の例を挙げている。同じ状況において、私は誤ってJをユダヤ人だと思い込んでいるかもしれないではないか？　この場合、私が証言した結果、彼が殺されたとすると、なおさら不合理である。その場合でも、私は真実性＝誠実性を全うしたとみなすなら、私はあまりにも狭量であり、頑迷であり、硬直しており、一種の狂信者である。

さらに別の状況が考えられる。私はJがユダヤ人であるのに、ユダヤ人ではないと思い込んでいた。よって、証言した結果、Jはガス室送りを免れた。この場合、私はやはり自分の誠実性を貫いたのであろうか？

ますます霧は立ち込め、視界は遮られていく。だが、その濃霧の晴れ間から、誠実

性とは、状況から独立に一つの瞬間的行為だけを抉り出して、「私はそれを誠実に為《な》したか否か？」という形で問うようなものではないこと、それは状況を形成したものとの関係をはじめもっと立体的なものであることが、次第に明らかになってきたように思う。

しかし、これでパレーシアの難問を切り抜けたわけではない。最も手ごわい難問、われわれをほとんど絶望させる難問が行く手を遮っている。それは――まさにヒトラーのように――心の底からユダヤ人を地上から抹殺することが「正しい」という信念を抱き、そのことをいたるところで明言し、その実行に向けて着々と行為する人の場合である。

4　誠実性（2）

ヒトラーは誠実であったか？

全世界からのユダヤ人の絶滅を計画し、そのうち六百万人を殺戮したヒトラーは――彼の具体的な行動と『わが闘争』をはじめとする信念の表明を知れば知るほど――無限に自己欺瞞からは遠いことがわかる。彼は政策的にユダヤ人を悪の権化に祭

り上げたわけではなく、それを利用して権力を掌握しようとしたわけではない。ユダヤ人がドイツ帝国の寄生虫であり病原菌であることを彼は文字通り信じていた。すなわち、ヒトラーはえり抜きの策略家であり、天才的な演技者であるが、ことユダヤ人に関しては、それが諸悪の根源であること、よってそれを絶滅すべきことに一片の嘘もないのである。

こうした彼の姿勢はまさにパレーシアなのではないかと思われてくる。すなわち「あえて他者の好まないことがらを隠さず直言するという性格のもの」であって、ユダヤ人が悪であるという「真理を語る」ことに全人生を懸け、「自分が沈黙していることに耐えられず」語りさらに行為したのである。しかも、このすべてを「自己に真摯でありたいという道徳的な動機のため」に行ったのだとも言えよう。

ベルリン陥落が迫ったときに、ヒトラーは「後に、全世界の人々は、私がドイツと中央ヨーロッパからユダヤ人を一掃したことを感謝するであろう」と記している。戦争に勝利することとさえ、ドイツ帝国を、ドイツ民族を救うことさえ、この大きな使命の前ではどうでもよかった。戦況が絶望的になるにつれて、彼は狂気に駆り立てられるように、ますます大量のユダヤ人をガス室に送り込んだのである。

彼は、ユダヤ人であることの自己嫌悪に充たされて自殺した「ユダヤ人である反ユ

ダヤ主義者」オットー・ヴァイニンガーにシンパシーを抱いていたという。架空の想定であるが、ヒトラーは、何者かによって「彼の命と引き換えに全世界のユダヤ人の絶滅を実現する」という契約が提示されたら、その契約にサインしたかもしれないとすら思われる。ヒトラーは、まさに「生命と安全ではなく死の危険性を選び、……自分の利益や道徳的なアパシーではなく、道徳的な義務」を遂行しようとしたのではないか？

アブラハム

『旧約聖書』の「創世記」によると、アブラハムはある朝突然「息子のイサクをいけにえに捧げよ」という神の声を聴いた。アブラハムは迷わず息子に薪を背負わせてモリアの山に向かった。彼は息子が「父よ、いけにえの子羊はどこにいるのですか？」と聞いても答えなかった。そして、三日後にモリアの山に至り、イサクの喉もとに短剣を突きつけようとしたそのとき、「アブラハムよ、汝《なんじ》の信仰の篤いことがわかった。イサクを殺すには及ばない」という神の声を聴いた。このシーンは古来幾人もの画家が描いてきた。

キルケゴールは『おそれとおののき』において幾重にもアブラハムの心理状態にメ

スを入れる。そして、このアブラハムの行為に信仰の真髄を見る。アブラハムは神の声を聴いたと確信した。しかし、幻聴だったのかもしれないではないか？　アブラハムはただの狂人だったのかもしれないではないか？　キルケゴールはこうした問いをすべて容認する。外部の視点からは信仰と狂気との区別は付けられない。それを区別するのはアブラハムの視点（内部の視点）しかないのだ。

　以上の準備を終えて、改めて問うてみよう。もしヒトラーが「ユダヤ人を全滅せよ」という絶対的な声をどこかから聴いたとしたら。それこそ真理であると確信したとしたら、そして、直ちに誠実にその声に基づいて使命を実行したとしたら、彼はアブラハムとどこが違うのであろう？

　外部の視点からヒトラーをアブラハムと区別するものは何もないであろう。いや、ヒトラーの行為はアブラハムの行為より数段「客観性」に支えられている。なぜなら、（ユダヤ人全滅を願わないまでも）ユダヤ人へのさまざまな形での迫害を多くのドイツ国民は熱烈に支持したからである。ヒトラーはユダヤ人迫害をこっそり行ったのではない。ユダヤ人こそ帝国にはびこる病原菌であると堂々と演説して権力を掌握したのである。彼の確信は彼の確信に留まらず、多くの賛同者を得たがゆえに、六百万人のユダヤ人を効率的に殺すことができたのである。

最高善

行き詰ったわれわれにカントの「最高善」という概念が一つのヒントを与えてくれる。最高善とは誠実性と幸福との合致である。この合致は後者が前者を条件づけるのではなく、前者が後者を条件づけるように実現されねばならない。幸福であることを確保したうえで、その条件のもとで誠実性を求めてはならず、反対に、誠実性を確保したうえで、その条件のもとで幸福を求めなければならないのだ。しかし、このことは現実的にはほとんど不可能である。絶対に嘘をつかないという条件のもとで、（とくに）他人の幸福を実現することはできないであろう。

例えば、妻が末期ガンであと半年の命であると医者から伝えられたとき、私が真実を言わねばならないとすると、多くの場合これは彼女の幸福を望む態度とは両立しない。しかし、だからといって、幸福を第一にして平然と嘘を語ることが道徳的であるわけではない。

われわれは断じて他人の（生命を含んだ）幸福を安直に第一に据えることは慎まなければならない。その場合、他人の幸福を求めるという大義名分のもとに、ありとあらゆる真実はなぎ倒されるであろう。善意の嘘がはびこり、誰も自分のうちなる誠実

性と真剣に闘うことはなく、何しろ幸福であればいい、何しろ生きていればいい、という（ニーチェの言葉を使うなら）「奴隷道徳」が支配し、真理を愛する営みとしての「愛知＝哲学」は死ぬであろう。

だが、カントは現実的にはほとんど不可能であっても、理念的には可能的であるという領域を開いてみせた。誠実性を（他人の）幸福に条件づけられる形で、すなわち（他人の）幸福を自分の信念より優先させる形で両者を合致させてはならない。しかし、このことは自分の誠実性を貫くために（他人の）幸福を無視していいことにはならない。「仕方ない」と呟くのではなく、あくまでも、私は両者の理念としての合致を求めなければならない。

確かに、私が盲人に同情しても、盲人は盲人のままであり、私は盲人ではない。この絶対的差異性を飛び越えることはできない。私は彼に代わってやることはできない。だが、この場合安直な同情は慎むべきであるとしても、同情しないからといって誠実性を貫いたことにはならない。私は彼の幸福を願うべきなのだ。たとえ、私がそのためにどうすればよいかわからないとしても。

紋切り型の社交辞令や気休めと彼の幸福を真実に願うこととのあいだには、見分けのつかない闇が広がっている。だが、だからといって他人の幸福を願う言葉や態度の

すべてが欺瞞的なものとは限らないであろう。そう決めつけることこそ、繊細な精神から最も遠いものであろう。

いかなる現実的な策は見いだされなくとも、私は私に命じられたものとしての誠実性と他人の幸福との合致という最高善を望むのである。誠実性と幸福との合致は現実的にはできなくとも、理念としてそれを「求めること」、そこにこそ人間としての最高の輝きがあるのだ。

ここから眼を離してはならない。これこそ、カントが「最高善」という言葉で言いたかったことなのだと思う。こうした態度をもって誠実性を求めるとき、われわれは他人の幸福と単純に対立する誠実性から、それを取り込んだ、すでに一段階上がった誠実性に至っているのではないだろうか。

終章　どうすればいいのか

二つの提案

以上で、差別感情を巡る考察を一応終える。

そのうえで、最後に「では、どうすればいいのか？」という問いに答えてみたい。これは、抽象的にはいくらでも言えよう。まず、自分の思い込みからなるべく心を解放し、なるべく多くの（とくに自分と異質の）意見・信条・境遇・身分・立場の人とコミュニケーションを重ね、差別の実態を知り、繊細な精神で思考し続けること。そういう言葉で締めくくりたいのは山々である。しかし、私はまさにこう抽象的にまとめ上げることの虚しさも知っているのだ。こうした、きれいごとがいかに人々の耳に心に浸透しないかも知っているのだ。こうした口当たりのいい言葉が嘘だからではない。逆に、それがあまりにも平板な真理だからだ。

好井裕明は『差別原論』において、考え抜かれた柔軟な対策を提案している。この本のサブタイトル「〈わたし〉のなかの権力とつきあう」が示しているように、差別する自分をごまかさずにとらえることを突破口としている。とりわけ、次の点は啓発的である。

私は、普段から〝普通でありたくない〟〝なんとかして自分を普通からずらしてい

たい〟と思っている。つまり〝普通でない人間〟になりたいわけだ。……それは〝普通の世界〟のなかに〝息づいている〟さまざまな差別や差別の兆《きざ》しにできるだけ気づいて、それらと向き合い、自分の存在を少しでも〝変え続けいなのだ。

そのとおりだと思う。好井は、われわれが「普通」を求めすぎることが差別の温床であることをよく知っている。だが、本書で示したように、「普通以上」を求めることも、それ以上に差別を助長するのだ。では、どうすればいいのか？　努力を放棄するのか？　そうではない。各人が自分自身の中に「自己満足に浸っている者」を、「高みから見下ろす者」をきちんと見据えることである。そして、「他人が見えなくなる瞬間」を警戒することである。

罪のない冗談の中に、何気ない誇りの中に、純粋な向上心の中に、差別の芽は潜み、それは放っておくと体内でぐんぐん生育していく。ボランティア活動で介護の老人から感謝されるそのときに、好きな人から結婚を申し込まれ飛び上がりたいほどの至福を感じているそのときに、わが子の寝顔を見つめながら至福を感じているそのときに、「他人」は見えなくなり、差別感情はむっくり頭をもち上げる。

なぜなら、そのとき、あなたは「高み」にいるからだ。その「高み」に達していない他人を、一瞬にせよ忘れているからだ。

すべての行為に差別感情がこびりついていることを認めない限り、自分は差別していないという確信に陥っている限り、自分は「正しい」と居直る限り、人は差別感情と真剣に向き合うことはないであろう。いかなる「聖域」もない。過酷なことは承知のうえだが、現に差別で苦しんでいる人もまた差別する感情から完全に解放されてはいない。そして差別と全力で戦っている人、差別という残酷な現象に怒りをぶつける人や涙を流す人のうちに、生々しいほど「高みから見下ろす」傾向が潜んでいるのだ。それを認めない限り、私はいかなる差別反対論者も信じることはできない。

再び、バルトの言葉。

問題は、いわゆる「低いところ」がとっくに「高いところ」になったのではないか。低いところにいる者の屈従が悪臭を放つ高慢になったのではないか……（前掲訳書）

そのうえで、自分の感受性や信念への誠実性を大切に保持すべきであろう。「差別

する自分」を頭から断罪する前に、「差別したい自分」と「差別したくない自分」とのせめぎ合いを正確に測定することが必要であろう。自分は眼の前のこの人を哀れんでいるのではないか？　もう充分哀れんだから、早く消えてもらいたいのではないか？　いや、じつは嫌悪感に充たされているのではないか？　そうでないにしても、独特の居心地の悪さから逃げたいのではないか？

差別感情に真剣に向き合うとは、「差別したい自分」の声に絶えず耳を傾け、その心を切り開き、抉り出す不断の努力をすることなのだ。こんな苦しい思いまでして生きていたくない、むしろすべてを投げ打って死にたいと願うほど、つまり差別に苦しむ人と「対等の位置」に達するまで、自分の中に潜む怠惰やごまかしや冷酷さと戦い続けることなのだ。

この努力を（カントの言葉を使えば）自分に「課せられたもの」とみなし、自分の人生の大枠をそして中核を形づくるもの、逃れられないものとみなすこと。そう覚悟してしまえば、血を流しながらも、むしろ晴れやかに、自然に、軽快に、決して細部を見逃さずに、やり遂げることができるのではあるまいか。

学術文庫版へのあとがき

本書単行本が世に出てから六年が経ち、「差別」に関してはあまたの書籍や論文が刊行されている中で、差別論の専門家でもない私がこの難問に首を突っ込んだわけをあらためて確認したい。というのも、私の著書のタイトルは（『ひとを〈嫌う〉ということ』『孤独について』『不幸論』『どうせ死んでしまうのに、なぜいま死んではいけないのか？』『生きるのも死ぬのもイヤなきみへ』『人生に生きる価値はない』、それに昨年末に出した『反〈絆〉論』など）ネガティヴな響きを持っているが、これまで、それなりに賛同的な読者もいたが、五体満足で定職も家族もありながら、何をわがまま言っている、というかたちの非難が少なくなかったからである。いつも、そういう非難は当たらないことを本文の中でも「あとがき」などでも断っているのだが、どうしても伝わらない。そこでもう一度、確認しておきたい。

（1）誰でもが真剣に立ち向かわねばならない深刻な「社会的差別」に関する書籍は山ほど出ている。「いじめ」に関する議論や研究には夥しいものがある。しかし、日

常的な「ささいな」差別に多くの人は悩むのではないか？　それは、低学歴・低学校歴だったり、魅力のない容貌だったり、人間的魅力の欠如だったり……、しかもそういう人々がついにうめき声を上げて不満をぶつけても、そんな「ささいな」問題には誰も真剣に向き合ってくれない。差別語が禁止されている分だけ、準差別語である「ブス」とか「デブ」とか「チビ」という言葉は「生きている」のであり、偏差値の低い大学の学生あるいは卒業生にとって、大学名を打ち明けたときの相手の何気ない態度の裏に潜む軽蔑的視線が痛いのである。本書では、こうした「ささいな」差別はささいであるとみなされているからこそ、その解決は至難の業であることを示したかった。

（2）差別感情は卑劣漢とか冷酷無比な人に具わっているのではなく、むしろ「善良な市民」あるいは「いい人」のからだにたっぷり染み込んでいる。それは、共同体の中で「まとも」だと思われたい願望の裏返しとして生ずる。清潔でありたいと願うことが、すなわち不潔な人に不快感を抱くのであり、勤勉でありたいと願うことがすなわち怠惰な人を軽蔑するのであり、誠実でありたいと願うことが不誠実な人を嫌悪するのだ。自分の理想あるいは努力目標にははなはだしく反する人々を（排除しないまでも）遠ざけておきたいのである。

（3）さらに、それは自分自身ないし家族を初め、自分が属する共同体に対する自然な愛や誇りや自信と隣り合わせである。「私は両親を誇りにしている」と語る人は、誇りにできない両親を持つ子ども（夥しくいるであろう）をすでに傷つけてしまっている。「日本人として誇りに思う」という発言は、そうでない国の人々に対する優越感を含意してしまっている。

まだまだ書けるが、こうしてわれわれ（凡人）の日常生活においては、ささいなことで絶え間なく自分を誇り、ささいなことで絶え間なく他人を軽蔑し……、こうして他人を傷つけ、他人から傷つけられて生きるほかないという仕組みになっている。誰でも知っているこのことを私は書きたかった。

では、こうした「地獄」からの脱出法はあるのだろうか？　一つあるように思う。それは、完全に世を捨てることである。だが、それができない場合、せめて自分に対するわずかな誇りも他人に対するわずかな軽蔑も絶えず生け捕りにし、その醜い姿を心ゆくまで観察することを提唱したい。けっしてごまかすことなく、くたびれはてるまで、いやくたびれはてても……。そのうちに、自分の「汚さ」に悲鳴を上げたくなり、かてて加えて他人の「汚さ」までもよく見えてしまうであろう。きついことこの上ない。だが、それでいいのである。それが「誠実に生きる」ということなのだ

から。

二〇一四年の暮れ

今年も「虚しい誇り」にまみれた年だったと思いながら……

中島義道

本書の原本は、二〇〇九年五月、小社より刊行されました。

中島義道（なかじま　よしみち）

1946年生まれ。東京大学法学部卒業，同大学院哲学専攻修士課程修了。ウィーン大学で哲学博士号取得。電気通信大学教授を経て，現在は「哲学塾カント」主宰。専攻は時間論，自我論。著書に『哲学の教科書』『「時間」を哲学する』『ウィーン愛憎』『「私」の秘密』『「純粋理性批判」を嚙み砕く』『哲学塾授業』ほか多数。

講談社学術文庫

定価はカバーに表示してあります。

差別感情《さべつかんじょう》の哲学《てつがく》

中島義道《なかじまよしみち》

2015年２月10日　第１刷発行
2020年７月７日　第７刷発行

発行者　渡瀬昌彦
発行所　株式会社講談社
東京都文京区音羽 2-12-21 〒112-8001
電話　編集（03）5395-3512
販売（03）5395-4415
業務（03）5395-3615
装　幀　蟹江征治
印　刷　株式会社廣済堂
製　本　株式会社国宝社
本文データ制作　講談社デジタル製作

© Yoshimichi Nakajima　2015　Printed in Japan

落丁本・乱丁本は，購入書店名を明記のうえ，小社業務宛にお送りください。送料小社負担にてお取替えします。なお，この本についてのお問い合わせは「学術文庫」宛にお願いいたします。
本書のコピー，スキャン，デジタル化等の無断複製は著作権法上での例外を除き禁じられています。本書を代行業者等の第三者に依頼してスキャンやデジタル化することはたとえ個人や家庭内の利用でも著作権法違反です。Ⓡ〈日本複製権センター委託出版物〉

ISBN978-4-06-292282-1

「講談社学術文庫」の刊行に当たって

これは、学術をポケットに入れることをモットーとして生まれた文庫である。学術は少年の心を養い、成年の心を満たす。その学術がポケットにはいる形で、万人のものになることは、生涯教育をうたう現代の理想である。

こうした考え方は、学術を巨大な城のように見る世間の常識に反するかもしれない。また、一部の人たちからは、学術の権威をおとすものと非難されるかもしれない。しかし、それはいずれも学術の新しい在り方を解しないものといわざるをえない。

学術は、まず魔術への挑戦から始まった。やがて、いわゆる常識をつぎつぎに改めていった。学術の権威は、幾百年、幾千年にわたる、苦しい戦いの成果である。こうしてきずきあげられた城が、一見して近づきがたいものにうつるのは、そのためである。しかし、学術の権威を、その形の上だけで判断してはならない。その生成のあとをかえりみれば、その根は常に人々の生活の中にあった。学術が大きな力たりうるのはそのためであって、生活をはなれた学術は、どこにもない。

開かれた社会といわれる現代にとって、これはまったく自明である。生活と学術との間に、もし距離があるとすれば、何をおいてもこれを埋めねばならない。もしこの距離が形の上の迷信からきているとすれば、その迷信をうち破らねばならぬ。

学術文庫は、内外の迷信を打破し、学術のために新しい天地をひらく意図をもって生まれた。文庫という小さい形と、学術という壮大な城とが、完全に両立するためには、なおいくらかの時を必要とするであろう。しかし、学術をポケットにした社会が、人間の生活にとってより豊かな社会であることは、たしかである。そうした社会の実現のために、文庫の世界に新しいジャンルを加えることができれば幸いである。

一九七六年六月

野間省一

哲学・思想・心理

池田知久訳注
荘子（上）（下）全訳注
「胡蝶の夢」「朝三暮四」「知魚楽」「万物斉同」「庖丁解牛」「無用の用」……。宇宙論、政治哲学、人生哲学まで、森羅万象を説く、深遠なる知恵の泉である。達意の訳文と丁寧な解説で読解・熟読玩味する決定版！
2237・2238

高田珠樹著
ハイデガー 存在の歴史
現代の思想を決定づけた『存在と時間』はどこへ向けて構想されたか。存在論の歴史を解体・破壊し、根源的な存在の経験を取り戻すべく、「在る」ことを探究したハイデガー。その思想の生成過程と精髄に迫る。
2261

ヴィクトール・E・フランクル著／中村友太郎訳（解説・諸富祥彦）
生きがい喪失の悩み
どの時代にもそれなりの神経症があり、またそれなりの精神療法を必要としている――。世界的ベストセラー『夜と霧』で知られる精神科医が看破した現代人の病理。底知れない無意味感＝実存的真空の正体とは？
2262

木田　元著
マッハとニーチェ 世紀転換期思想史
十九世紀の物理学者マッハと古典文献学者ニーチェ。接点のない二人は同時期同じような世界像を持っていた。ニーチェの「遠近法的展望」とマッハの「現象」の世界とほぼ重なる。二十世紀思想の源泉を探る快著。
2266

鷲田清一著
〈弱さ〉のちから ホスピタブルな光景
「そこに居てくれること」で救われるのは誰か？　看護、ダンスセラピー、グループホーム、小学校。ケアする側とされる側に起こる反転の意味を現場に追い、ケア関係の本質に迫る、臨床哲学の刺戟的なこころみ。
2267

コーラ・ダイアモンド編／大谷　弘・古田徹也訳
ウィトゲンシュタインの講義　数学の基礎篇 ケンブリッジ1939年
後期ウィトゲンシュタインの記念碑的著作『哲学探究』に至るまでの思考が展開された伝説の講義の記録。数を数えるとは。矛盾律とは。数学基礎論についての議論が言語、規則、命題等の彼の哲学の核心と響き合う。
2276

《講談社学術文庫　既刊より》

哲学・思想・心理

D・P・シュレーバー著／渡辺哲夫訳
ある神経病者の回想録
フロイト、ラカン、カネッティ、ドゥルーズ&ガタリなど知の巨人たちに衝撃を与え、二〇世紀思想に不可逆の影響を与えた稀代の書物。壮絶な記録を明快な日本語で伝える、第一級の精神科医による渾身の全訳！

2326

岸田 秀著
史的唯幻論で読む世界史
古代ギリシアは黒人文明であり、栄光のアーリア人は存在しなかった――。白人中心主義の歴史観が今なお世界を覆っている欺瞞と危うさを鮮やかに剔抉、その思想がいかにして成立・発展したかを大胆に描き出す。

2343

中島義道著
カントの時間論
物体の運動を可能にする客観的時間が、自我のあり方を決める時間であることをいかに精確に記述することができるのか……。『純粋理性批判』全体に浸透している時間構成に関するカントの深い思索を読み解く。

2362

今村仁司著
交易する人間《ホモ・コムニカンス》 贈与と交換の人間学
ヒトはなぜ他者と交易するのか？ 人間存在の根源をなす「負い目」と「贈与」の心性による相互行為が解体して市場と資本主義が成立したとき、なにが起きたのか。人間学に新地平を切り拓いた今村理論の精髄。

2363

いしいひさいち著
現代思想の遭難者たち
思想のエッセンスを直観的に汲み取り、笑いに変えてしまう「いしいワールド」のエネルギーに、哲学者たちも毀誉褒貶。これは現代思想の「脱構築」か？ それとも哲学に対する冒瀆か？ 手塚治虫文化賞も受賞！

2364

A・アインシュタイン、S・フロイト／浅見昇吾訳（解説・養老孟司／斎藤 環）
ひとはなぜ戦争をするのか
アインシュタインがフロイトに問いかける。「ひとは戦争をなくせるのか？」。宇宙と心、二つの闇に理を見出した二人が、戦争と平和、そして人間の本性について真摯に語り合う。一九三二年、亡命前の往復書簡。

2368

《講談社学術文庫 既刊より》

哲学・思想・心理

死に至る病
セーレン・キェルケゴール著／鈴木祐丞訳

「死に至る病とは絶望のことである」。この鮮烈な主張を打ち出した本書は、キェルケゴールの後期著作活動の集大成として燦然と輝く。最新の校訂版全集に基づいてデンマーク語原典から訳出した新時代の決定版。

2409

統合失調症あるいは精神分裂病　精神医学の虚実
計見一雄著

昏迷・妄想・幻聴・視覚変容などの症状は何に由来するのか？　「人格の崩壊」「知情意の分裂」などの謬見はしだいに正されつつある。脳研究の成果も参照し、病の本態と人間の奥底に蠢く「原基的なもの」を探る。

2414

『老子』その思想を読み尽くす
池田知久著

老子の提唱する「無為」「無知」「無学」は、儒家思想のたんなるアンチテーゼでもニヒリズムでもない。最終目標の「道」とは何か？　哲学・倫理思想・政治思想・自然思想・養生思想の五つの観点から徹底解読。

2416

時間の非実在性
ジョン・E・マクタガート著／永井　均訳・注解と論評

はたして「現在」とは、「私」とは何か。A系列（過去・現在・未来）とB系列（より前とより後）というマクタガートが提起した問題を、永井均が縦横に掘り下げてゆく。時間の哲学の記念碑的古典、ついに邦訳。

2418

ハイデガー入門
竹田青嗣著

「『ある』とは何か」という前代未聞の問いを掲げた未完の大著『存在と時間』を豊富な具体例をまじえながら分かりやすく読解。「二十世紀最大の哲学者」の思想に接近するための最良の入門書がついに文庫化！

2424

哲学塾の風景　哲学書を読み解く
中島義道著（解説・入不二基義《いりふじもとよし》）

カントにニーチェ、キルケゴール、そしてサルトル。哲学書は我流で読んでも、実は何もわからない。必要なのは正確な読解。読みながら考え、考えつつ読む、手加減なき師匠の厳しくも愛に満ちた指導を完全再現。

2425

《講談社学術文庫　既刊より》

ヴェルナー・ゾンバルト著／金森誠也訳
ブルジョワ　近代経済人の精神史
中世の遠征、海賊、荘園経営。近代の投機、賭博、発明。そして宗教、戦争。歴史上のあらゆる事象から、企業活動の側面は見出される。資本主義は、どこから始まり、どう発展してきたのか？　異端の碩学が解く。

2403

アレックス・カー著
犬と鬼　知られざる日本の肖像
日本は一九九〇年代、バブル崩壊を引き金に本質的に失敗した。経済、環境、人口、教育……。慢性的かつ長期的な問題を抱えるこの国の行き先は？　日本をこよなく愛するＶＩＳＩＴ　ＪＡＰＡＮ大使が警告する。

2405

アントニオ・グラムシ著／上村忠男編・訳
革命論集
イタリア共産党創設の立役者アントニオ・グラムシの、本邦初訳を数多く含む待望の論集。国家防衛法違反の容疑で一九二六年に逮捕されるまでに残した文章を精選した。ムッソリーニに挑んだ男の壮絶な姿が甦る。

2407

下斗米《しもとまい》伸夫《のぶお》著
ソビエト連邦史　１９１７－１９９１
共産党が所有する国家＝ソビエト連邦の誕生と崩壊は二十世紀最大の政治事件であった。革命、権力闘争、陰謀、粛清、虐殺。新出の史資料を読み解き、社会主義国家建設という未曾有の実験の栄光と悲惨を描く。

2415

田中明彦著
新しい中世　相互依存の世界システム
冷戦の終焉、覇権の衰退、経済相互依存の進展。激動する世界はどこに向かうのか――。歴史的な転換期にあるポスト近代の世界システムを、独自の視点により理論と実証で読み解いた、サントリー学芸賞受賞作。

2441

原　武史著（解説・安藤礼二）
皇后考
神功皇后や光明皇后と感応しつつ、ナカツスメラミコトたらんと激動の近代日本に時空を超えた「皇后」像を現出させた貞明皇后とは？　天皇制の本質に斬新な切り口で迫り、秘められた扉を開いた記念碑的著作！

2473

政治・経済・社会

マックス・ウェーバー著／野口雅弘訳
仕事としての学問 仕事としての政治
マックス・ウェーバーが晩年に行った、二つの講演の画期的新訳。『職業としての学問』と『職業としての政治』の邦題をあえて変更し、生計を立てるだけの「職業」ではない学問と政治の大切さを伝える。

2500

姜尚中著
ナショナリズム
グローバル化が世界を覆い尽くす中、しかしナショナリズムという奇怪な力は巧妙さを増し、猛威をふるい続けている。ISやブレクジットなど、国家の枠組みの変化を受けて書かれた新稿を収録した完全版。

2533

尾高朝雄著（解説・石川健治）
国民主権と天皇制
不世出の法哲学者・尾高朝雄（一八九九－一九五六年）が日本国憲法施行の五ヵ月後に公刊した不滅の名著、初の文庫化。「象徴」として存続した天皇は「国民主権」と矛盾しないのか？　渾身の解説を収録！

2557

アダム・スミス著／高哲男訳
国富論（上）（下）
スミスの最重要著作の新訳。「見えざる手」による自由放任を推奨するだけの本ではない。分業、貨幣、利子、貿易、軍備、インフラ整備、税金、公債など、経済の根本問題を問う近代経済学のバイブルである。

2562・2563

カール・マルクス著／丘沢静也訳
ルイ・ボナパルトのブリュメール18日
一八四八年の二月革命から三年後のクーデタまでの展開を報告した名著。ジャーナリストとしてのマルクスの舌鋒鋭くもウィットに富んだ筆致を、実力者が達意の日本語にした、これまでになかった新訳。

2569

大石　眞著
日本憲法史
憲法とは文言ではなく、国のあり方そのものである――。近代の日本が、時代ごとに必要としてきたものは何か？　開国、議会開設から敗戦・占領を経ての独立まで、憲法＝国家構造の変遷を厳密にひもとく。

2599

外国人の日本旅行記

ニコライの見た幕末日本
ニコライ著／中村健之介訳

幕末・維新時代、わが国で布教につとめたロシアの宣教師ニコライの日本人論。歴史・宗教・風習を深くさぐり、鋭く分析して、日本人の精神の特質を見事に浮き彫りにした刮目すべき書である。本邦初訳。

393

ニッポン
B・タウト著／森　儁郎《としお》訳（解説・持田季未子）

憧れの日本で、著者は伊勢神宮や桂離宮に清純な美の極致を発見して感動する。他方、日光陽明門の華美を拒みその後の日本文化の評価に大きな影響を与えた。世界的な建築家タウトの手になる最初の日本印象記。

1005

日本文化私観
B・タウト著／森　儁郎《としお》訳（解説・佐渡谷重信）

世界的建築家タウトが、鋭敏な芸術家的直観と秀徹した哲学的瞑想とにより、神道や絵画、彫刻や建築など日本の芸術と文化を考察し、真の日本文化の将来を説く。名著『ニッポン』に続くタウトの日本文化論。

1048

幕末日本探訪記　江戸と北京
R・フォーチュン著／三宅　馨訳（解説・白幡洋三郎）

世界的プラントハンターの幕末日本探訪記。英国生まれの著名な園芸学者が幕末の長崎、江戸、北京を訪問。珍しい植物や風俗を旺盛な好奇心で紹介し、桜田門外の変や生麦事件の見聞も詳細に記した貴重な書。

1308

シュリーマン旅行記　清国・日本
H・シュリーマン著／石井和子訳

シュリーマンが見た興味尽きない幕末日本。世界的に知られるトロイア遺跡の発掘に先立つ世界旅行の途中で、日本を訪れたシュリーマン。執拗なまでの探究心と旺盛な情熱で幕末日本を活写した貴重な見聞記。

1325

英国外交官の見た幕末維新　リーズデイル卿回想録
A・B・ミットフォード著／長岡祥三訳

激動の時代を見たイギリス人の貴重な回想録。アーネスト・サトウと共に江戸の寺で生活をしながら、数々の事件を体験したイギリス公使館員の記録。徳川幕府崩壊の過程を見すえ、様々な要人と交った冒険の物語。

1349

《講談社学術文庫　既刊より》

目次

差別感情の哲学

差別感情の哲学

中島義道

JN166677

講談社学術文庫